Editor e Diretor Responsável: Aydano Roriz
Diretor Executivo: Luiz Siqueira
Diretor Editorial: Roberto Araújo (araujo@europanet.com.br)

Coordenador Editorial: Paulo Basso Jr.
Texto: Sérgio Branco, Tales Azzi, Karen Abreu, Érico Elias,
Juliano Coelho, Natália Manczyk, Sérgio Vinícius e Renata de Farias
Projeto Gráfico: Alexandre (Nani) Dias
Capa: Welby Dantas
Revisão: Marianna Russo

Dados Internacionais de Catalogação na Publicação (CIP)
(Câmara Brasileira do Livro, SP, Brasil)

50 lugares inesquecíveis do mundo / coordenador editorial
Paulo Basso Jr.. -- São Paulo : Editora Europa, 2009.

ISBN 978-85-86878-73-2

1. Turismo - Guias 2. Viagens - Guias
I. Basso Júnior, Paulo.

09-00434 CDD-388.4791

Índices para catálogo sistemático:
1. Lugares : Guias turísticos 388.4791

Impressão: Prol Gráfica

Publicado por Editora Europa Ltda. Rua M.M.D.C., 121 - CEP 05510-900
São Paulo/SP - Tel.: 11 3038-5050 (Grande São Paulo) ou 0800 557667

www.europanet.com.br

50 LUGARES INESQUECÍVEIS *do Mundo*

Apresentação

Éramos três na sala de reuniões. Eu, o diretor editorial da Editora Europa, Roberto Araújo, e o responsável pela equipe de arte, Welby Dantas. Em pauta, uma simples, porém intrigante questão nos inquietava: qual dos 50 lugares descritos nesta obra teria a honra de ilustrar a capa?

Paris – eu arrisquei logo de cara. É a cidade mais glamorosa e simbólica do mundo. O argumento é bom – alguém respondeu –, mas e Londres? Diversos estudos apontam a capital inglesa como o destino mais visitado do planeta. Era uma informação considerável. No entanto, não tardou para desviarmos o foco para Roma e Atenas, pela vocação histórica e o legado que essas regiões deixaram para a humanidade. Barcelona e Berlim, duas das cidades mais emergentes e modernas do mundo, vieram na seqüência.

Foi então que surgiu a pergunta: por que tem de ser um destino europeu? Na América, há muitos lugares inesquecíveis, como a visitadíssima Nova York, a badalada Califórnia e as lendárias Machu Picchu e Chichén-Itzá (na Riviera Maia), essas duas últimas eleitas como maravilhas do mundo moderno. E foi só falar em maravilhas do mundo que vieram à cabeça as pirâmides do Egito, no vale do Gizé, e o fascinante Taj Mahal, na indiana Agra.

Assim, o debate perdurou até percebermos que todos os lugares apresentados neste livro reuniam motivos de sobra para estampar a capa. Então, a busca por uma justificativa para escolher a foto perdeu importância diante da jóia que tínhamos em mãos. Uma jóia com 50 diamantes lapidados pelos profissionais da Revista Viaje Mais que, durante anos, estiveram em todos os continentes atrás de informações para ajudá-lo não só a decidir para onde viajar, mas também para aproveitar melhor o destino escolhido.

Paris foi a selecionada, como você viu, mas poderia ter sido Dubai, Cancún, Viena, Sydney, os inacreditáveis Fiordes da Noruega ou mesmo um daqueles vales com lagos verdinhos cercados de montanhas nevadas das regiões alemãs e francesas da Suíça, que mais parecem cidades de presépio. E antes que você sinta falta de um destino brasileiro ou uma ilha paradisíaca, saiba que esta é a terceira obra de uma coleção que conta com os títulos *50 Lugares Inesquecíveis do Brasil* e *50 Ilhas dos Sonhos*.

Só não vale fazer como o editor de arte Alexandre (Nani) Dias, que depois de concluir o *design* da última página deste livro olhou bem para minha cara e disse: "Não acredito que você deixou de fora os safáris da África". Pois bem, caro Alexandre, não só os safáris da África ficaram de fora, mas também muitos outros destinos inesquecíveis. Mas você há de convir que, deste mundo repleto de lugares maravilhosos em que vivemos, eu só tinha o direito de escolher 50. O restante... Bom, deixa para outro livro.

Paulo Basso Jr.
Coordenador Editorial

Gizé

Índice

METROPOLIS

Europa

Paris

Do melodioso som das conversas em francês ao cheirinho delicioso de uma fornada de *croissants*, do prazer de saborear uma porção de queijos acompanhada de um vinho nacional à glória de entrar em uma loja de grife fabulosa, é impossível ficar indiferente aos apelos de Paris. Vale a pena começar a explorar a capital francesa por seu cartão-postal máximo, a Torre Eiffel. Essa gigante de 324 metros de altura, construída para ser uma atração provisória durante a Exposição Universal de 1889, só não foi demolida porque era a estrutura mais alta da Europa na época e, conseqüentemente, era útil para a instalação de antenas de rádio. Sorte a nossa, que herdamos o direito de subir a diferentes níveis da torre e, a partir de suas plataformas de observação, ter uma vista de até 64 km ao redor da cidade.

Seguindo a linha das atrações grandiosas, o próximo passo pode ser o Museu do Louvre. O antigo maior palácio do mundo está dividido em sete alas: antiguidades egípcias, artes e antiguidades asiáticas e islâmicas e antiguidades etruscas, gregas e romanas, além de pinturas, esculturas, gravuras e desenhos e, ainda, objetos de arte. Entre todo esse acervo, as estrelas máximas são a *Vênus de Milo* e a famosíssima *Monalisa*.

Do Louvre, é possível seguir a pé até a Champs-Élysées, que começa na Praça da Concórdia. Com construções do século 19, bistrôs e cafés com mesinhas ao ar livre, a avenida acaba no Arco do Triunfo, uma estrutura à altura de seu objetivo: com 50 metros de altura por 44 metros de largura, o arco foi erguido a mando de Napoleão Bonaparte para celebrar as vitórias de seu exército.

Dica: ***Passeie de* bateau mouche *pelo Sena e siga para o Quartier Latin, bairro onde fica o Panthéon – que guarda os restos mortais de Voltaire, Rousseau e Victor Hugo – e o Jardim de Luxemburgo, o mais belo da cidade. Fora isso, vá a Les Invalides, complexo onde está o túmulo de Napoleão, ao Museu d´Orsay e ao Palácio de Versalhes***

Outro ponto turístico inesquecível de Paris é Notre-Dame. Pelo tempo que levou para ser erguida – quase 200 anos, entre os séculos 12 e 14 –, faz sentido que a catedral gótica seja tão admirada. Ela é, geograficamente, o marco zero de Paris, onde começa a contagem dos *arrondissements* (como os parisienses chamam seus bairros). Além de observar a imensa nave central e os vitrais coloridos de Notre-Dame, que garantem um espetáculo natural quando a luz incide sobre eles, vale a pena subir uma escada que leva ao topo de uma das torres da igreja, de onde se pode ver os detalhes

Paris tem mais símbolos do que qualquer outra cidade do mundo. Entre eles, o Arco do Triunfo (abaixo) e o Museu do Louvre (ao lado)

das gárgulas que adornam a construção. Sem falar, é claro, de mais uma memorável vista da Cidade Luz.

Depois da catedral, outro templo visitadíssimo na capital francesa é a Basílica de Sacré-Coeur, em Montmartre. Em estilo romano-bizantino, a igreja, construída entre 1876 e 1914, é enorme (sua cúpula central mede 83 metros) e muito branca. Guarda em seu interior um dos maiores mosaicos do mundo com a representação de Jesus Cristo de braços abertos.

Além de abrigar a basílica, o bairro de Montmartre ficou famoso por ter sido o centro boêmio e cultural parisiense no século 19, já que atraía pintores (como Picasso) e outros artistas em início de carreira por oferecer aluguéis baixos. É lá que fica o Moulin Rouge, imortal cabaré que ainda segue na ativa.

MAPA

Paris é a capital da França e o destino mais visitado do mundo.

Provence

Provence não representa apenas um território no mapa, mas sim uma verdadeira *art de vivre* (arte de viver), como costumam falar os franceses. Trata-se da região mais ensolarada e alegre da França, situada entre o Mar Mediterrâneo e as montanhas áridas do sul ao país, temperada por tradições muito antigas e por uma culinária que está entre as mais apreciadas do mundo.

Para desfrutar do melhor de Provence, o ideal é preparar um roteiro partindo do mar, da colorida Marselha, para o interior, terminando em Avignon, cidade que já foi morada dos papas e abriga um patrimônio histórico e cultural de primeira grandeza. No meio do trajeto, não faltam cidades com paisagens de tirar o fôlego, como Saint Remy e Arles.

Marselha, no extremo sul da França, voltada para o Mar Mediterrâneo, é uma das maiores cidades de Provence. Nela, a presença de imigrantes do norte da África é marcante, o que confere um acento muito característico ao clima cultural da região. Explorar o Port Vieux, antigo porto onde nasceu a cidade, é uma experiência inesquecível. Embora tenha perdido a importância comercial, o local abriga um belo emaranhado de barcos de veraneio e de pesca.

A 30 km de lá está a encantadora Aix-en-Provence, que possui suntuosos casarões construídos, sobretudo, nos séculos 17 e 18. A cidade é repleta de fontes e fachadas feitas em pedras de tom dourado, com ruas estreitas e muito charmosas, onde cada detalhe parece ter sido pensado para enobrecer a região. Fora isso, abriga um centro histórico bem conservado e ótimas opções para quem gosta de fazer compras.

Dica: ***Em Saint Remy, há um tradicional mercado que toma as ruas centrais da cidade todas as quartas-feiras. Uma oportunidade e tanto para encontrar delícias da culinária local e também para conferir o que há de melhor no rico artesanato da região***

Em direção ainda mais para o interior, alcança-se a encantadora Arles, às margens do Rio Rhone. A cidade tem quase a mesma idade de Marselha, cerca de 2,5 mil anos, mas seus monumentos resistiram melhor ao tempo e hoje são reconhecidos pela Unesco como Patrimônios Mundiais da Humanidade. Bem próximo a Arles fica a cadeia de montanhas calcárias Les Alpilles, os pequenos Alpes da Provence. Vale a pena programar ao menos um dia para explorar a região, pois lá está resguardada a quintessência da *art de vivre* provençal.

Saint Remy

Hôtel de Ville
Docks Romains

A região de Provence fica no sul da França, próximo ao Mar Mediterrâneo.

O castelo em Baux de Provence (abaixo) e o Port Vieux (ao lado), em Marselha, são dois pontos de visita obrigatórios na região

Outros destinos imperdíveis são Saint Remy de Provence e Baux de Provence, duas pequeninas cidades de beleza ímpar e fantástica infra-estrutura turística. Não há nada como passear sem pressa pelo centro histórico de Saint Remy, ainda hoje protegido pela antiga fortificação medieval, que resguarda ruelas cheias de casas floridas.

A cerca de 40 km ao norte de Arles, também às margens do Rio Rhone, repousa a majestosa e histórica Avignon. Fundada pelas primeiras gerações de navegadores marselheses, a cidade conheceu o auge da glória no século 14, quando passou a ser sede do papado, condição que durou até 1411. A leste de Avignon, fica a famosa área dos campos de lavanda de Provence, um dos destinos turísticos mais cobiçados do planeta.

Côte d'Azur

Dica: ***Em St. Tropez, faça um passeio de barco, que irremediavelmente passará em frente às mansões das celebridades que costumam curtir o verão na cidade***

Se há um lugar onde os deuses se sentiriam em casa, ele fica à beira do Mar Mediterrâneo e atende pelo nome de Côte d'Azur. O que faz dessa região da França um destino especial são suas praias de mar azul-turquesa, cidades pitorescas, culinária refinada, vinhos diferenciados, caminhadas com vistas deslumbrantes e ainda alguns dos melhores museus do mundo. Só isso, nada mais.

O destino foi descoberto a partir do século 19, quando europeus, norte-americanos e russos buscavam paragens mais quentes, fugindo de gélidos invernos. Dali para frente, as baías de pescadores do litoral francês deram espaço a portos com requintados restaurantes e grandes resorts. Os maiores expoentes dessa fase, que acabaram por fazer da Côte d'Azur sua moradia, foram os consagrados artistas Henri Matisse, Marc Chagall, Pierre-Auguste Renoir e Pablo Picasso. Em troca de hospedagem e comida, muitas de suas obras se encontram espalhadas pelas pequenas cidades da região.

Para desvendar a Côte d'Azur, também conhecida como a Riviera Francesa, o mais indicado é começar por Nice e colocar um ponto final em St. Tropez. Nice, situada na Baía dos Anjos, é uma cidade, antes de tudo, cultural. Logo, para iniciar o passeio, o ideal é visitar o Museu Matisse, dedicado ao pintor que morou por lá de 1917 até sua morte, em 1954. A edificação fica no topo do Monte Cimiez, ao lado de ruínas romanas, em uma casa do século 17 de estilo genovês. Apresenta uma linda coleção de 68 pinturas, 236 desenhos, 57 esculturas, além de fotografias e objetos da coleção privada do artista.

De Nice, pode-se pegar uma das três *corniches* – estradas costeiras com vista cinematográfica – e rumar ao principado de Mônaco. No caminho, vê-se pequenas praias, grandes mansões e a vila medieval de Èze. Uma vez em Mônaco, os passeios indicados giram em torno das praias mais badaladas do Mediterrâneo e do cassino de Monte Carlo. As praias são banhadas por água cristalina e, para chegar a elas, passa-se pela Baía de Mônaco, um espetáculo à parte. Quanto ao Cassino de Monte Carlo, até quem não joga pode entrar – basta pagar e ser maior de 18 anos.

Próximo a Monte Carlo e a uma hora de Nice, fica a Vila St. Paul de Vence. Eis uma jóia de cidade medieval criada em torno de uma muralha do século 16. Logo na entrada do vilarejo, é possível visitar uma das mais importantes

St. Tropez

As praias de Cannes (abaixo) e a Baía de Mônaco (ao lado) não deixam dúvidas: a Côte d'Azur é inesquecível

coleções de arte da Europa, a Fundação Maeght. O roteiro pela Côte d'Azur segue para Cannes, capital do cinema francês desde 1946. Um passeio pelo coração da cidade, a Promenade de La Coisette, é obrigatório. Entre as lojas de grife espalhadas por lá estão Chanel, Gucci, Dior e Dolce & Gabbana. Destaque também para os magníficos hotéis com cinco ou mais estrelas.

Por fim, chega-se ao charme maior da Riviera Francesa: St. Tropez. Lá, vale a pena conhecer a Place des Lices e, ao cair da tarde, aproveitar para provar a *tarte tropezienne* em uma das confeitarias locais. Trata-se de uma deliciosa torta com duas camadas de pão-de-ló que envolvem um creme de baunilha. Mais inesquecíveis do que ela só mesmo as paradisíacas praias espalhadas pela região.

MAPA

A Côte d'Azur fica no sudeste da França, no Mar Mediterrâneo, próximo à fronteira com a Itália.

Roma

Roma, capital da Itália, encanta pela grandeza cultural adquirida nos tempos em que era a sede de uma das mais importantes civilizações da história. E todo o poderio romano, se fosse necessário, poderia ser resumido em uma grandiosa edificação: o Coliseu, símbolo máximo do império de Júlio César e companhia.

Todas as manhãs, uma fila imensa se forma em frente ao monumento mais famoso da Itália, que desde 2007 figura entre as novas maravilhas do mundo. A construção elíptico-ovalada, de 48 metros de altura e 190 metros de extensão, causa assombro por vários motivos: está de pé há exatos 1.928 anos, chegava a receber 73 mil pessoas em dias de lotação máxima e, só nos primeiros cem dias seguintes à inauguração, no ano de 80 d.C., 5 mil feras foram mortas em combate por lá, sem falar das lutas entre gladiadores, que se tornariam comuns durante o legado do império.

De frente para o Coliseu está o Fórum Romano, onde se desenvolveu a vida política, judicial e comercial de Roma desde os anos 70 a.C., quando a cidade foi fundada. No século 1º, a área incorporou outras construções, que ficaram conhecidas como Fóruns Imperiais. O local é enorme, o que torna impossível fazer uma visita vapt-vupt por lá, a não ser que simplesmente se passe pelas ruínas, o que é um desperdício diante de tantas preciosidades. Os monumentos mais bem preservados são os arcos de Tito e de Sétimo Severo, além da Cúria, ponto de reunião do Senado e que foi reconstruído.

As demais ruínas são, na maioria, templos ou igrejas, como a Basílica Júlia, feita em homenagem ao imperador Júlio César. Na Casa das Virgens Vestais, onde viviam as sacerdotisas que vigiavam o fogo sagrado, a beleza está na imperfeição: um bucólico jardim, junto do Templo de Vesta, está cheio de delicadas estátuas sem cabeça ou sem alguma parte do corpo.

Do Fórum, pode-se subir uma longa escadaria para chegar ao Monte Palatino, um lugar bem especial. É lá que foram encontrados os vestígios arqueológicos que sustentam que Rômulo (da lenda de Remo e Rômulo, os irmãos que foram amamentados por uma loba) teria fundado a cidade a partir dessa colina, uma das sete encontradas em Roma.

Do Palatino, pode-se continuar a caminhada pela Via dei Fiori Imperiali e, cerca de 30 minutos depois, alcançar os Mercados e o Fórum de Trajano. Esplendoroso nos tempos de

Dica: ***Ir a Roma significa também visitar o Vaticano, admirar-se com a Praça de São Pedro e conhecer a Capela Sistina, que abriga uma coleção de arte inigualável***

Coliseu

A Fontana di Trevi (abaixo) e a Basílica de São Pedro, no Vaticano, que pode ser vista do Rio Tibre (ao lado), são duas das jóias romanas

sua construção e funcionamento, no século 2º, o Fórum de Trajano exibe hoje apenas uma sombra do que foi na época áurea.

Roma também oferece alguns programas que mesclam história e modernidade. Um bom exemplo é a popular Via del Corso, que começa na frente do monumento a Vittorio Emanuele e é uma boa pedida para quem procura uma rua inteiramente comercial, com lojas de marcas como Zara, Miss Sixty e Energy.

É nos arredores da Via del Corso que ficam outros símbolos romanos famosos, como o Pantheon e a Fontana di Trevi. Essa última, de Nicola Salvi, retrata Netuno, o deus do mar, ladeado por dois tritões. Um deles tenta dominar um cavalo-marinho arredio; o outro simplesmente cavalga o animal. A idéia do escultor era mostrar como o mar é sereno, mas também inglório.

MAPA

Roma fica na Itália, na região de Lazio, a oeste do país.

Veneza

Veneza, na Itália, seduz aos poucos. Uma visita à cidade, tomada por canais e que oferece a impressão de ainda estar mergulhada no século 15, revela um lugar único, que parece muito com os quadros pintados na – e para – a cidade durante a Idade Média.

Ao longo do Grande Canal, a verdadeira avenida da região, Veneza exibe seus sucessivos *palazzi*, imponentes torres e cúpulas das dúzias de igrejas, além da famosa Ponte do Rialto e, claro, das gôndolas. Junte a tudo isso o fato de que o lugar nunca foi completamente terra firme. Veneza, em sua origem, era uma seqüência de 118 ilhas junto ao Mar Adriático, que, conectadas por 150 canais e por cerca de 400 pontes, passaram a ter construções erguidas sobre as palafitas "plantadas" nas partes mais rasas da laguna. E é essa história que faz da Sereníssima, como é chamada, uma cidade com inabalável vocação para o romantismo.

Nesse sentido, o passeio de gôndola, guiado por condutores trajando as típicas camisas listradas e chapéus com fitas coloridas, é o primeiro *tour* que vem à cabeça. Em uma viagem a dois ou mesmo com um grupo de amigos, não tem preço deslizar pelo Canal Grande sem a confusão e as paradas dos *vaporettos*, barcos que carregam moradores e turistas aos montes para cima e para baixo em Veneza.

Apesar de os casais enamorados preferirem o isolamento à multidão, nem sempre isso é possível na cidade italiana. Em lugares como a esplendorosa Piazza San Marco, todo e qualquer turista precisa disputar espaço para vislumbrar os melhores visuais da praça, que mostra a pujança veneziana entre os séculos 13 e 15, quando era uma república independente e a principal potência marítima e comercial européia.

Nos arredores de San Marco, ainda há o Museu Correr, com um acervo que reúne valiosos quadros e esculturas de artistas venezianos como Canova e a família Bellini; o campanário de 98 metros de altura; as lojas das mais fantásticas grifes e as que vendem as coloridas peças de cristal de Murano, fabricadas na ilha de mesmo nome, vizinha a Veneza.

Mas, antes de sair da praça, é necessário explorá-la. E o ideal é começar pela basílica, fabulosa construção do

Dica: ***Conheça a igreja gótica de Santa Maria Gloriosa dei Frari, ou simplesmente Frari. O templo tem obras-primas de mestres como Giovanni Bellini, Donatello, Antônio Canova e Ticiano***

Grande Canal

Todo mundo que vai a Veneza passeia de gôndola (abaixo) e visita a linda Piazza San Marco (ao lado)

Veneza fica ao norte da Itália, na região do Vêneto.

século 11 cuja arquitetura mescla elementos do Ocidente e do Oriente e que guarda os restos de São Marcos. Cinco cúpulas, uma estátua do santo ladeado por anjos, detalhados mosaicos na fachada e réplicas dos cavalos de bronze roubados durante as Cruzadas marcam o interior da edificação. Isso tudo sem falar do Pala d'Oro, grande painel do século 10º no qual artesãos usaram e abusaram de ouro e de pedras preciosas para recontar cenas bíblicas.

Outra parada obrigatória é o Palazzo Ducale, ou Palácio dos Doges, que também fica junto à Piazza San Marco. Como a basílica, a construção – do século 9º, mas reformada entre os séculos 14 e 15, quando passou a ter a aparência atual – é impressionante tanto por fora como por dentro.

Toscana

A Toscana é uma das 20 regiões da Itália e apontada por muitos visitantes como uma das mais bonitas de todas. É lá que fica Florença, um dos destinos culturais mais venerados do mundo. Entre os símbolos locais, destaca-se o Rio Arno, que está para Florença assim como o Sena para Paris ou o Tâmisa para Londres. Seu leito corta magnificamente a cidade, transformando as pontes em atrações à parte. A mais visitada delas é a Ponte Vecchio, em seu ponto mais estreito. Acredita-se que tenha sido construída ainda no Império Romano. Segundo escritos de Giorgio Vasari, foi projetada por Taddeo Gaddi e sempre abrigou lojas e comércio.

Numa das extremidades da Ponte Vecchio, fica o chamado Corridoio Vasariano, nome alusivo ao arquiteto e escritor Giorgio Vasari. Projetada e construída em 1565, a obra levou somente cinco meses para ser concluída. Trata-se de um corredor que faz a ligação entre o Palazzo Vecchio e o Palazzo Pitti e também entre a Ponte Vecchio e o Palazzo Uffizi, onde está a Galleria Uffizi, uma das mais importantes do planeta.

Construída em estilo clássico, a galeria foi projetada no século 16. Uffizi abriga um número tão grande de pinturas do período medieval ao moderno que é considerada o maior museu de arte da Itália.

Dica: ***Vinci, como é de se esperar, gira em torno do filho mais famoso, Leonardo. Pode-se visitar a casa em que ele nasceu, nas proximidades da cidade. O caminho até lá é decorado com bétulas, que se parecem com eucaliptos e ocupam detalhes das margens da estrada***

Já no centro de Florença fica a Catedral de Santa Maria Del Fiore. A magnífica e enorme construção é resultado de 170 anos de trabalho. A primeira pedra foi colocada em 1296 sobre a direção de Arnolfo di Cambio. No meio do século 14, Francesco Talenti fez muitas modificações no projeto. A última parte, a fachada, foi terminada entre 1871 e 1887 por Emilio De Fabris em estilo neogótico. Um dos destaques da catedral – uma das mais antigas da Itália e a quarta maior do mundo – é o domo gigante, desenhado por Filippo Brunelleschi, um dos mais famosos arquitetos italianos. Foi completado em 16 anos, de 1418 a 1434.

Em Florença, o antigo também encontra o moderno. Do grandioso e visitadíssimo Davi, de Michelangelo, na Galleria dell'Accademia, ou da Vênus, de Sandro Botticelli, na Galleria Uffizi, aos *tours* para *outlets* como das grifes

Campos da Toscana

A Torre de Pisa (abaixo) e a vista de Florença (ao lado) provam por que a Toscana é uma das regiões mais lindas da Itália

Dolce & Gabbana, Gucci e Prada, a cidade une o melhor da escultura e pintura renascentista ao consumo moderno.

Mas a Toscana é muito mais que Florença. A região reúne uma série de outras cidades inesquecíveis. Entre elas está Carmignano, famosa por seu vinho DOCG (Denominacione di Origine Controllata e Garantita), que identifica uma ótima qualidade; Vinci, onde nasceu Leonardo da Vinci; Arezzo, San Gimignano, Siena, Empoli e Pisa, entre muitas outras.

Arezzo é parada obrigatória por ser a cidade mais antiga da Toscana e reunir um conjunto arquitetônico de encher os olhos. San Gimignano, por sua vez, é uma região cercada por muros, com belas torres. Nenhuma delas, porém, é mais famosa que a de Pisa, cuja inclinação acidental fascina os visitantes.

A Toscana é uma região situada ao norte da Itália.

Madri

As ruas do centro antigo de Madri são apinhadas de gente – a qualquer hora do dia ou da noite. No calçadão da Calle Arenal, casais empurram carrinhos de bebê, senhores batem papo em roda, madames passeiam com cães, músicos tiram som do violão para ganhar uns trocos e namorados abraçados bisbilhotam os cardápios expostos na porta dos restaurantes.

A cena descrita acima, banal na capital espanhola, é a que melhor sintetiza o astral da cidade que sabe como poucas curtir a vida. E não importa se é sábado ou segunda-feira. O madrileno típico não é do tipo que sai do trabalho e vai para casa jantar, vestir pijama e assistir à televisão. Por isso, quem visita a região passa quase o tempo todo na rua, geralmente caminhando. A geografia plana favorece os passeios e as principais atrações no centro antigo ficam próximas.

A melhor pedida é começar o passeio pela Plaza Mayor, historicamente o umbigo da capital espanhola. Dá para ficar horas ali só pelo prazer de estar numa das mais belas praças do mundo. Bares e cafés colocam mesinhas ao ar livre e os garçons não deixam ninguém esperando muito tempo por uma *caña* (cerveja). No centro de tudo, está a estátua do rei Felipe II montado num cavalo.

Durante séculos, a Plaza Mayor serviu como espaço para mercado, teatro ao ar livre, praça de touros e patíbulo, local onde os criminosos eram enforcados. A inquisição espanhola também fez uso da *plaza* durante suas sessões conhecidas como autos-de-fé, cerimônias de humilhações e castigos aos acusados de heresia e bruxaria.

Dica: ***No final da tarde, vá às* taperias, *que oferecem* tapas *(pestiscos) a cada garrafa de bebida pedida. Não se importe com o jantar, pois os restaurantes fecham as portas bem tarde em Madri***

Por ser uma capital relativamente jovem se comparada a outras da Europa, Madri não exibe uma arquitetura soberba. O conjunto arquitetônico da cidade combina uma grande mistura de estilos, resultante da influência que recebeu de outros povos, especialmente dos mouros.

Mesmo assim, guarda seus encantos como a própria Plaza Mayor e a Plaza de Oriente, onde fica o luxuoso Palácio Imperial, finalizado em 1755 aos moldes do Palácio de Versailles, na França. Ou mesmo a Plaza de Cybeles, onde está a estátua da deusa grega da fertilidade, que aparece guiando uma carruagem puxada por dois leões, defronte ao imponente Palácio das Comunicações, sede do correio de Madri. Já a

Plaza de Oriente

NAMARYANA
SVMADRE

MAPA

Madri fica na zona central da Península Ibérica, na Espanha.

As plazas dão um charme especial a Madri, como a de Cybeles (abaixo) e a inigualável Mayor (ao lado)

parte moderna da cidade é simbolizada pela Porta da Europa, um par de prédios construído com inclinação maior do que a Torre de Pisa, assim como a estação de Atocha, o ponto de convergência do eficiente sistema de trens e metrô.

A maior riqueza artística de Madri, porém, está reservada ao interior de seus museus. O do Prado, o Reina Sofia e o Thyssen Bornemisza estão entre os mais importantes do mundo e abrigam pinturas de mestres como Velásquez, Goya, Picasso, Miró e Salvador Dalí. Os madrilenos tiram proveito disso e freqüentam os museus da cidade maciçamente nos finais de semana.

O Museu do Prado possui a maior coleção de pintura espanhola produzida entre os séculos 16 e 18. Entre elas, estão 140 quadros de Goya, incluindo as famosas 14 "pinturas negras", de cores sombrias e temas que retratam doença, morte e corrupção, além da famosa *Maja Desnuda*, um nu feminino cuja modelo nunca foi identificada.

Barcelona

Dica: **No Bairro Gótico, há bares que servem as melhores cavas – *champanhe* catalã – de Barcelona. Experimente-as acompanhadas por tapas *de todos os tipos, como pão com tomate,* jamón serrano e anchovas**

Barcelona, na Espanha, é uma cidade que exala arte, cultura e boa gastronomia. A capital da Catalunha é moderna – graças ao serviço de restauração feito após os Jogos Olímpicos disputados por lá em 1992 – e ao mesmo tempo clássica. E é exatamente essa mescla do novo com o antigo que faz da região uma das metrópoles mais elegantes do mundo. Um bom exemplo dessa mistura pode ser visto nos diversos monumentos históricos que contrastam com os edifícios do bairro de Eixample, uma verdadeira explosão artística do modernismo.

O centro de Barcelona, por sua vez, é reconhecido pela Passeig de Gràcia, principal rua da cidade, com prédios elegantes, sofisticados e lojas de grife. É nessa área que estão a Casa Batlló e a Milà-La Pedrera, projetadas pelo arquiteto Antoni Gaudí. Ambas costumam dividir os cartões-postais da cidade com a Sagrada Família, outra obra-prima de Gaudí. Trata-se da igreja menos convencional da Europa, com fachadas de diversos estilos arquitetônicos. Suas torres são um ótimo ponto de observação da região.

Outro destino obrigatório em Barcelona é a Praça de Catalunha, de movimentação intensa. Próximo a ela estão as típicas e turísticas *ramblas*, uma série de pequenas ruas que totalizam cerca de 1,5 km de extensão e seguem até Port Vell, onde se encontra a estátua de Cristóvão Colombo. Lá, dá para pegar um elevador e subir 73 metros para apreciar Barcelona.

A partir da Praça de Catalunha, ao largo do monumento de Cristóvão Colombo e passando pela Rambla de São José, encontra-se o mercado La Boquería. O local é imperdível por reunir toda a alma gastronômica da Catalunha. Detalhe: Barcelona, ao lado de Nova York, Sevilha e São Paulo, é um dos maiores e melhores centros de culinária do mundo.

Depois de comer bem, uma boa idéia é conhecer os barcos turísticos chamados *golondrinas*. Na região de Port Veil, eles são abundantes. O trajeto mais divertido leva em média uma hora e meia e parte de Portal de la Pau até o fórum. Já para quem não gosta de passear de barco, a melhor pedida é atravessar a passarela de madeira de Port Veil que termina no Maremagnum, um centro de lazer com bares, restaurantes, cinemas e lojas. Lá pertinho, está a La Barceloneta, que oferece opções gastronômicas e fica no

Casa Batlló

Barcelona é marcada pelas incríveis obras de Gaudí, como a Sagrada Família (abaixo) e a Casa Milà-La Pedrera (ao lado)

Porto Olímpico, onde há praias como Mar Bella e Bogatel.

Do luxo e da modernidade, o turista pode migrar para o lado clássico da cidade. A parte antiga de Barcelona tem como destaque o Bairro Gótico, um centro medieval que abriga a Catedral Gótica, com pinturas medievais catalãs; e o Palácio Real, onde Cristóvão Colombo foi recebido pelos reis Isabel e Fernando após voltar do Novo Mundo. Outra atração interessante é o Palácio de la Generalitat, sede do governo autônomo da Catalunha, que ainda conserva traços singulares da arquitetura gótica, como a capela e uma galeria de arcos.

MAPA

A capital da Catalunha está situada o longo da costa do Mediterrâneo, entre o sul e o leste da Espanha.

Andaluzia

Dica: **Sevilha é um centro gastronômico impecável. Repleta de chefs renomados, a cidade conta com muitos restaurantes nas listas dos mais premiados do mundo por publicações e entidades especializadas**

A Andaluzia, que ocupa 17% do território da Espanha, é um retrato perfeito do que se espera do país europeu. A região é quente, vibrante e oferece diversões como touradas, danças flamencas, *tapas* e sangria. Além disso, conta com mar, montanha, neve e areia, tudo isso em uma única área, ao sul da Espanha.

As duas principais cidades são Sevilha e Granada, que esbanjam apelos, respectivamente, históricos e mouros pelas ruas. A influência árabe, por sinal, está presente por todos os lados da Andaluzia, de forma física ou etérea. Prova disso é que a arquitetura, a música e a gastronomia têm forte ligação com o povo oriental que ocupou a região entre os séculos 8º e 15.

A popular Sevilha tem como maiores atrativos as *fiestas*, nas quais nunca faltam música flamenca, guitarra espanhola e touradas. O lado religioso também é agraciado na cidade com a Semana Santa, famosa em todo mundo por arrebanhar pelas ruas multidões que celebram a data. Durante as festividades, 59 irmandades fazem um trajeto que sai de diversos templos espalhados por Sevilha rumo à base de onde é realizada a Carrera Oficial – um percurso que tem início na Campana e termina na saída da Catedral.

Outra festa folclórica que costuma agradar aos turistas – e também aos moradores da cidade – é a Feira de Abril. Trata-se de um evento no qual são montadas nas ruas diversas barracas – chamadas de *casetas*, pelos moradores da região – onde as pessoas cantam e dançam músicas flamencas e sevilhanas. Durante a festa, também é realizada uma das séries mais famosas de touradas de toda a Espanha, chamada La Maestranza.

A segunda cidade mais visitada da Andaluzia, Granada, não é tão "agitada" quanto Sevilha, mas tem como ponto forte o turismo gastronômico, cultural e, por estar na base de Serra Nevada, esportivo. No topo do conjunto de montanhas reside uma das estações de esqui mais badaladas de toda a Europa. Além disso, a cidade tem grande movimentação estudantil, já que abriga a Universidade de Granada – fundada por Carlos V em 1531 –, uma das mais prestigiadas da Espanha. Graças a

MAPA

A Andaluzia fica
no extremo sul
da Espanha.

A Andaluzia é uma região repleta de belezas, como a Mesquita de Córdoba (abaixo) e o lindo complexo de Alhambra, em Granada

ela, há muitas festas e eventos culturais na região, sobretudo durante o verão europeu.

Granada abriga diversas fortificações de séculos passados. É o caso do complexo de Alhambra, com seus palácios construídos pelos reis mouros da Dinastia Nazari e que, mesmo após a ocupação francesa, manteve-se firme e forte. Outro ponto de interesse histórico é Albaicín (também conhecido como Albayzín), bairro de origem tipicamente andaluza, que fica a 700 metros de altitude, bastante próximo a Alhambra.

Lisboa

Dica: ***Se puder, opte por viajar de carro por Lisboa e seus arredores. Afinal, as estradas portuguesas são ótimas, bem pavimentadas e cercadas por vistas inesquecíveis***

Poucas cidades no mundo são tão encantadoras como Lisboa, em Portugal. Mesmo quem já a conhece bem dificilmente deixa de descobrir novos atrativos. Quem ainda não a conhece, então, descobre uma região tradicional e charmosa, a Lisboa da Baixa, do Chiado e das ruelas da Alfama, que serpenteiam morro acima espremidas entre casarões do século 18. E o melhor é que tudo isso convive com a Lisboa moderna, cosmopolita, que surge às margens do Tejo, cuja zona portuária já foi a porta de saída para o Novo Mundo e, em 1998, foi rejuvenescida.

Capital de um país com inegável vocação marítima, Lisboa tem como destaque o Parque das Nações, onde velhos armazéns à beira-rio deram lugar a restaurantes e cafés da moda, e também onde fica o imperdível Oceanário. Com o objetivo de reunir e transmitir conhecimento sobre a vida marinha de todo o planeta, o local reúne espécies de todos os oceanos num imenso aquário central com 5 milhões de litros de água salgada, visível de qualquer ponto do complexo. À sua volta, ficam recintos menores que reproduzem o *habitat* marinho dos oceanos Atlântico Norte, Pacífico Temperado, Índico Tropical e Antártico, entre outras atrações.

O roteiro deve continuar por Rossio, Baixa, Alfama e Chiado, os pontos mais tradicionais da cidade. Um bom começo é seguir a pé pela Rua Augusta, calçadão que liga o Rossio ao portal na Praça do Comércio. Outra boa pedida é o elevador de Santa Justa, na paralela rua homônima. Ele liga a Baixa ao Chiado, na Praça do Carmo. No topo do elevador, há um café com uma bela vista da cidade. O Chiado, tradicional reduto de intelectuais, é repleto de lojas e ateliês de artistas. Vale a pena uma parada no Café A Brasileira, que já foi freqüentado por Fernando Pessoa – há até uma estátua dele à mesa, convidando os turistas para uma foto.

Nada mais pitoresco do que continuar o roteiro a bordo de um bonde. A linha 28 faz um verdadeiro *tour* pela região, percorrendo ruas do Chiado e do Rossio rumo à Alfama. O mais divertido é que o coletivo pára o tempo todo e os motorneiros conversam com todo mundo pelo caminho.

Vale a pena saltar no coração da Alfama para visitar o Castelo de São Jorge. Trata-se de uma antiga cidade mourisca cercada por muralhas antes de ser reconquistada por Afonso Henriques, em 1147, e transformada em residência oficial dos

Vista de Lisboa

MAPA

Lisboa é a capital mais ocidental da Europa, situada na região oeste de Portugal.

O tour de bonde (abaixo) é imperdível em Lisboa; ao lado, o fantástico Palácio da Pena, situado em Sintra

reis portugueses. De lá se tem, talvez, a mais bela vista de Lisboa. Outra atração na Alfama é a Sé, erguida também por Alfonso Henriques em 1150 e que, devastada por quatro terremotos, foi reconstruída em cada uma dessas ocasiões, misturando vários estilos arquitetônicos.

Depois de se esbaldar com as belezas da cidade, vale a pena seguir até Sintra, vila portuguesa situada no distrito de Lisboa e que, a oeste, é banhada pelo Oceano Atlântico. A região conta com inúmeras jóias arquitetônicas, como o Palácio Nacional da Pena, fortificação colorida levantada em cima de um monte que representa uma das melhores expressões da arquitetura romântica do século 19 no mundo. Outro local inesquecível em Sintra é o famoso Castelo dos Mouros, uma belíssima construção medieval.

Coimbra

"Coimbra é uma mulher, só passa quem souber...", era o que dizia a canção de um velho fado de Ferrão e Galhardo, gravado pelo brasileiro Roberto Carlos nos anos de 1960. A cidade continua feminina, mas aparentemente bem menos misteriosa aos olhos dos turistas. É parada obrigatória para quem visita Portugal e segue de Lisboa até o Porto, seja de trem ou de carro.

Estrela maior de uma região recheada de estudantes, a Universidade de Coimbra merece que se passe várias horas percorrendo seus corredores, onde ficam a estonteante Biblioteca Joanina (com decoração dourada em torno dos 300 mil livros), a Capela de São Miguel e a Grande Sala dos Atos. Nos arredores, está a Sé Velha, que registra a história de Portugal desde o ano de 1064. Vale a pena visitar o templo e, em seguida, passear pelas belas ladeiras íngremes e ruas estreitas que o cercam.

Nos idos do século 12, Coimbra serviu como capital do reino de Portugal. Desde então, ficou marcada pela cultura e pela arte, retratada em seus inúmeros museus, na famosa universidade e, sobretudo, na música. Muito ligado às tradições acadêmicas da região, o mundialmente famoso fado de Coimbra é cantado apenas por homens. Pelas ruas da cidade e nas escadarias do Mosteiro de Santa Cruz e da Sé Velha, não é raro encontrar músicos com calças, batinas e capas de lã pretas tocando para os turistas tanto de dia quanto à noite.

Dica: ***Não deixe de jantar nas proximidades do Rio Mondego. A vista é incrível, assim como os restaurantes que o ladeiam***

Ainda na cidade, vale a pena seguir até Conímbriga, um interessante parque em ruínas. A visita ao parque dura aproximadamente uma hora e rende boas fotos. Atrações como a Casa de Cantaber e a Casa dos Repuxos, com seus mosaicos impressionantes, costumam deixar saudades. O nome esquisito de Conímbriga é uma herança deixada pelos imperadores romanos que conseguiram estender seus domínios até a velha Península Ibérica. O local foi muito próspero até ser tomado pelos bárbaros, em 468, e depois pelos suevos. As lutas obrigaram os moradores portugueses a fugirem e instalarem-se à beira do Rio Mondego, quando deram início ao que hoje é Coimbra.

A 70 km da cidade, fica a belíssima Viseu, que conta com um centro histórico preservado e que também merece ser visitada. Uma boa dica é apreciar a estreita Rua Direita

As ruas estreitas (abaixo) dão um charme especial a Coimbra; ao lado, a cinzenta catedral de Viseu

e admirar o casario do século 16 que ainda sobrevive na Rua da Senhora da Piedade. Quem vai até lá e anda até a Sé, um templo que já no século 16 carecia de reforma, percebe rapidamente por que Viseu vive lotada de visitantes: tudo por lá tem cor de granito. Isso mesmo. Enquanto a maioria das cidades antigas portuguesas é marcada por construções brancas, Viseu persiste cinzenta, com tons originais, o que confere muito charme à região.

A maior atração local, situada no Largo da Sé, é o Museu Grão Vasco, cuja fachada clássica esconde um projeto arquitetônico moderno, claro e confortável. O acervo é quase todo dedicado ao pintor Vasco Fernandes, que viveu entre 1475 e 1540 e produziu verdadeiras obras-primas da arte religiosa. O quadro mais famoso do artista é o *Retrato de São Pedro*.

Porto

O Porto, segunda maior cidade de Portugal, é uma região farta em programação cultural que se ergue a partir de uma majestosa colina às margens do Rio Douro. Para os turistas, há muito o que fazer por lá. A visita às caves dos produtores de Vinho do Porto – que, a despeito do nome, ficam na vizinha Vila Nova de Gaia, na outra margem do rio – é obrigatória. Ainda mais porque a ligação entre as cidades é feita pela charmosa e imponente Ponte Dom Luís I, projetada em 1886 pelo escritório de ninguém menos que Gustave Eiffel (ele mesmo, o da torre de Paris).

Todas as caves têm programas que mostram como o vinho é feito. O passeio sempre começa e termina com uma degustação da bebida. E o melhor de tudo é que a maioria das visitas é gratuita, embora (óbvio) todas terminem na "lojinha" onde se pode adquirir as garrafas.

De volta ao Porto, vale a pena dar uma volta pelo centro histórico da cidade, tombado pela Unesco como Patrimônio Mundial. O trajeto pode seguir para o Mercado do Bolhão, situado na Cidade Alta, região de comércio intenso. Fica entre as ruas de Santa Catarina e Sá da Bandeira. Lá, há flores, embutidos, secos e molhados e até artesanato.

Dica: ***Visite o Museu Nacional de Soares dos Reis, criado em 1833 por D. Pedro IV, e que inclui grande parte da obra do famoso escultor***

Ao seguir a pé pela Rua de Santa Catarina, chega-se ao famoso Café Majestic, casa inaugurada em 1921 em estilo *art nouveau.* O roteiro continua pela Rua de Passos Manuel até a bela Avenida dos Aliados.

A estação de trem de São Bento, na Praça Almeida Garrett, fica no caminho para a Cidade Baixa, onde se chega descendo a Rua Mouzinho da Silveira. Lá, vale a pena visitar o Palácio da Bolsa. O passeio, enfim, termina no Cais da Ribeira, ponto de ótimos restaurantes.

Outro trajeto interessante pode começar na Igreja de São Francisco, ao lado do Palácio da Bolsa. É de lá que sai o "eléctrico" 1E, cujos trilhos seguem à margem do Douro até sua foz, na parte mais nova da cidade. São visitas obrigatórias ainda a Torre dos Clérigos, na Cidade Alta, ao lado do bairro da Cordoaria, com suas grandes praças e jardins; e a Livraria Lello, a mais tradicional da cidade e reduto de intelectuais.

Margens do Rio Douro

A Ponte Dom Luís I (abaixo) é um dos marcos da cidade, cuja arquitetura histórica (ao lado) é singular

Quem gosta de passeios culturais, por sinal, pode aproveitar para visitar alguns dos famosos museus da cidade. O Museu de Arte Contemporânea do Porto, por exemplo, é uma das instituições mais procuradas do país, já que, além de obras famosas, fica no Parque de Serralves, um dos mais belos da região norte de Portugal. Outra opção interessante é conhecer a Casa do Infante, local onde nasceu D. Henrique. O edifício abriga uma espécie de museu medieval que conta a história da cidade.

MAPA

O Porto fica na região norte de Portugal, à beira do Atlântico.

Amsterdã

Todo mundo que a conhece afirma sem pensar duas vezes: Amsterdã é única. A cidade é um caldeirão cultural com cafés que liberam o uso de drogas leves, tem construções originais do século 13 que dão à região uma cara de cenário cenográfico, conta com aproximadamente 200 museus e galerias de arte e abriga um bairro onde a prostituição é legalizada e regulamentada.

Esse bairro é a famosa Red Light, onde as prostitutas se exibem em vitrines iluminadas por lâmpadas vermelhas. O lugar é mais freqüentado por turistas curiosos do que por cidadãos que querem comprar os serviços ofertados. Com a prostituição legalizada, a única atitude que pode levar à prisão por ali é fotografar uma das garotas em exposição.

O consumo de maconha também não é causa de problemas com a polícia local, desde que seja feito em um dos *coffee shops* especializados no assunto. Esses cafés são conhecidos como Brown Cafés (Cafés Marrons), pois suas paredes são pintadas de marrom para ajudar a identificá-los. É só entrar, consultar o cardápio e fazer o pedido.

Mas não é só de liberdade exacerbada que vive Amsterdã. Arte é também um aspecto muito valorizado na cidade, pois a Holanda é a terra de pintores geniais, como Rembrandt, Piet Mondriaan e Van Gogh. O trabalho desses e de outros gênios pode ser visto de perto nos quase 200 museus e galerias de arte espalhados por lá. O Museu Van Gogh, por exemplo, abriga centenas de quadros do artista, entre os quais se destaca *O Quarto*. O portentoso Museu Rijks, por sua vez, tem um acervo de mais de 400 obras datadas do século 17 e assinadas por mestres como Rembrandt, Vermeer e Jan Steen.

Dica: ***Uma visita à "Veneza do Norte" fica completa apenas depois de uma passada no Mercado das Flores, o único flutuante do mundo. A variedade de cores e aromas é impressionante durante o ano inteiro***

Outro ponto de visita obrigatório é a casa de Anne Frank. Trata-se do registro mais tenebroso da passagem do nazismo por Amsterdã. O museu foi construído na casa onde Anne Frank e outros sete judeus, incluindo seus pais e sua irmã, se esconderam entre 1942 e 1944 para fugir da perseguição anti-semita promovida por Hitler durante a Segunda Guerra. O lugar guarda objetos e documentos originais, inclusive o diário escrito pela garota durante o período em que ficou confinada.

Com clima bem mais ameno, o Heineken Experience é mais um museu da cidade muito procurado pelos turistas. Durante a "experiência", é possível conhecer um pouco

Canal de Amsterdã

Os canais (abaixo) e a arquitetura única (ao lado) dão a Amsterdã uma cara de cidade de brinquedo

mais sobre o processo de produção da cerveja e degustar muitos tipos diferenciados da bebida.

Se não bastasse tudo isso, as ruas de Amsterdã são uma atração turística por si só. A arquitetura local é muito peculiar e tem uma explicação histórica. Quando a cidade foi fundada, no século 13, os impostos cobrados sobre as construções eram muito altos. Para driblar o problema, os habitantes de Amsterdã encontraram uma solução criativa: fizeram casas altas e compridas, para ocupar menos área construída.

Surgiu então outro problema: colocar a mobília dentro dessas casas tão altas. A solução encontrada pode ser vista ainda hoje. Uma espécie de roldana, colocada na parte superior da construção, para içar os móveis através de largas janelas. Outros moradores decidiram se integrar à paisagem cheia de canais e foram morar em barcos ancorados – hoje, existem cerca de 2,5 mil dessas "casas" flutuantes na cidade.

Amsterdã é a capital da Holanda, integrante dos Países Baixos, na Europa.

Londres

Londres, capital da Inglaterra, dispensa apresentações. É uma das cidades mais famosas do mundo, cuja cultura, arquitetura e política influenciaram e influenciam os mais remotos cantos do planeta. Não à toa, trata-se de um dos destinos mais procurados por turistas, a quem a cidade presenteia com cartões-postais e costumes inigualáveis.

A capital inglesa é tão peculiar que um bom passeio pela região pode começar de metrô, desde que se salte na estação Westminster. Assim que ganha as ruas, o visitante se depara com o Big Ben, o famoso relógio da torre do Parlamento. Ele é discreto e elegante, assim como tudo por lá, mas não está sozinho na paisagem. À beira do Rio Tâmisa, surgem as harmoniosas "Casas do Parlamento", com suas torres góticas apontando para cima. A grandeza da Inglaterra foi construída ali, em uma das mais antigas democracias, no prédio de 1512, onde já foram votadas mais de um milhão de leis.

O charme do Parlamento irradia para o lado, na Abadia de Westminster, onde são coroados os monarcas ingleses. De lá, parte a Whitehall Avenue, onde estão os edifícios do governo que, apesar das fachadas irretocáveis, em nada se destacam diante das sedes de bancos e prédios de escritório que datam do século 19, quando Londres atingiu o ápice como a maior e mais rica metrópole do mundo.

Em seguida, vale a pena ir ao Palácio de Buckingham, onde vive a rainha. É na frente dele, junto ao monumento à cultuada rainha Vitória, que acontece uma das cenas mais tradicionais de Londres. Guardas vestidos com uniformes vermelhos e um chapéu para lá de antiquado empunham espadas estaticamente e sequer piscam, com uma concentração quase hipnótica.

Depois de Buckingham, o roteiro continua pelo Green Park em direção ao Piccadilly Circus, o centro do burburinho londrino. Lá, vale a pena subir em um daqueles famosos ônibus vermelhos que simbolizam a cidade e tomar a Linha 8, que passa em frente a Royal Gallery, sempre com ótimas exposições.

O ônibus segue rumo ao East End, passando entre Soho e Chinatown. Depois, parte para Holborn até chegar à City. Mais à frente, é possível visualizar a Catedral de St. Paul. É um bom lugar para saltar e caminhar até outro cartão-postal da cidade: a mítica Torre de Londres.

Dica: ***A Abbey Road era apenas uma típica rua londrina até que, em 1969, os Beatles gravaram o que é considerado o melhor disco da banda, o também Abbey Road. Na capa, o quarteto de Liverpool aparece atravessando a faixa de pedestres. A foto virou antológica e há sempre fãs da banda por lá tentando reproduzi-la***

SIGHTSEEING
BUS TOUR
SHOP BETWEEN 10 AND 4
159
OPEN
DAILY
WEST HAMPSTEAD
TYPHOO TEA
WLT 358

Da London Eye (abaixo) é possível ver de cima como Londres é bonita; ao lado, a sensacional Tower Bridge

Depois deste rápido *tour*, o turista está livre para conhecer o restante da metrópole. Aí, não falta o que fazer. Alguns dos melhores museus do mundo estão lá, como o Museu Britânico, o Tate Britain e o Tate Modern. Fora isso, dá para ir a belos parques, como o Lane, o Hyde e o Regent's; aos teatros do West End, no Soho ou Leicester Square; a ótimos *pubs*, como os da rede australiana Walk About; ou então encarar a London Eye, roda-gigante de 135 metros instalada pertinho do Big Ben.

Dublin

Dica: ***Quem é apreciador de cerveja não pode perder a oportunidade de conhecer a fábrica da Guinness. Já os fãs de uísque podem seguir para a Old Jameson, que também fica em Dublin***

Dublin, na Irlanda, encanta pela mistura de estilos na arquitetura dos prédios, pela simpatia dos moradores e pela diversidade cultural. Terra de nomes como Oscar Wilde, James Joyce, Bernard Shaw, Bram Stoker e Samuel Beckett, a cidade é um destino jovem, para quem gosta de arte, história, música e cerveja, muita cerveja.

Para começar o passeio, o ideal é optar pelo Castelo de Dublin. Erguido no século 13 para ser o centro do império britânico, a edificação recebeu novas construções ao passar dos séculos. A visita deve incluir os jardins e a biblioteca Chester Beatty, na parte de trás do castelo. Outra fortificação imperdível é a Malahide, situada na vila homônima, ao norte de Dublin.

Depois dos castelos, o ideal é seguir para as duas principais igrejas da cidade, a Christ Church e a de St. Patrick, o padroeiro da Irlanda. Ambas são datadas do século 12 e a construída em homenagem a São Patrício abriga a sepultura do famoso escritor Jonathan Swift. Prosseguir o roteiro a pé é uma boa idéia. Vale a pena pegar a Winetavern Street para ver os antigos muros de Dublin onde ainda sobrevive o portão St. Audoen, que protegia a cidade de invasões por volta de 1280.

De lá, para saborear a típica gastronomia de Dublin, é um pulo. A partir da Parnell Street, encontram-se restaurantes de excelente qualidade. Para quem quiser esticar o almoço e curtir uma tarde de compras, basta caminhar algumas quadras até a O´Connel Street. E, uma vez nela, pode-se aproveitar para conhecer o General Post Office, de 1815, palco do "Levante da Páscoa", de 1916, realizado contra os ingleses.

Ao atravessar o Rio Liffey, o visitante encontra uma região bem menos histórica e mais cosmopolita, mas nem por isso desinteressante. Além de conhecer os shoppings Stephen´s Green e Powercourt, é possível caminhar pela rua Grafton Street, com uma série de lojas badaladas. Durante o percurso, ninguém fica indiferente à estátua de Molly Malone. Trata-se de uma personagem fictícia, de uma canção local, que era vendedora de dia e prostituta à noite.

Ainda do outro lado do rio, chega-se ao Trinity College, próximo a Grafton Street. É a universidade local, fundada em 1592 e que conta com uma biblioteca com mais de 3 milhões de livros. Bem à frente ao Trinity está o prédio do Banco da

Castelo Malahide

Igrejas góticas (abaixo) e prédios históricos, como o do Trinity College (ao lado), estão entre as atrações de Dublin

Irlanda, de 1729. O roteiro também deve incluir o Museu Nacional, instituição com coleções que mostram a história do país, desde a ocupação dos vikings até a tomada inglesa, em 1171.

Depois do banho de história, é hora de adotar um *pub*. Esses bares, segundo os moradores de Dublin, são espécies de centros da vida social local. Há mais de mil espalhados pela cidade. Para não errar, o ideal é seguir até o bairro Temple Bar, que tem a maior quantidade de *pubs* por metro quadrado do mundo. Todos eles servem Guinness, a mundialmente famosa cerveja irlandesa.

MAPA

Dublin fica na costa oriental da Irlanda, na província de Leinster.

Edimburgo

Edimburgo é a capital da Escócia e uma das cidades mais belas do mundo. Encravada entre montanhas e planícies que tingem a paisagem de verde, a região ocupa uma área privilegiada ao norte da ilha da Grã-Bretanha, na Europa. Uma vez lá, impossível não se extasiar ao percorrer as tortuosas e misteriosas ruelas medievais por onde vilões, artistas, prostitutas e poetas construíram os mitos e histórias que dão um charme todo especial à cidade. Isso sem falar na admiração provocada pelo imponente Castelo de Edimburgo, antigo lar dos reis escoceses, que domina a paisagem de arquitetura única da região.

A capital da Escócia é uma cidade pequena. Situada no estuário do Rio Forth, se espalha pelas colinas de um belo vale que a divide em Old Town (Cidade Velha), a parte medieval; e New Town (Cidade Nova), área moderna e simétrica, com charmosas fachadas georgeanas. No fundo do vale, fica a estação central de trem e o Princess Street Gardens, amplo e florido parque onde acontecem muitos shows e eventos. O maior e mais famoso deles ocorre todo mês de agosto e se estende por toda a cidade. Trata-se do Festival de Edimburgo, que transforma as ruas e os parques numa festa a céu aberto, com direito a espetáculos de música, dança, artes e teatro.

Dica: ***Explore a pé os caminhos da Royal Mile e suas imediações e sinta-se na Idade Média. No percurso, gaiteiros caminham de kilt e mantêm acesa a chama das tradições da Escócia***

A atração mais procurada da região, no entanto, é mesmo o Castelo de Edimburgo, um dos mais visitados do Reino Unido. Localizado no alto de um antigo vulcão extinto, foi o lar dos reis escoceses até a unificação, quando Elizabeth I, da Inglaterra, foi sucedida por James VI, da Escócia, seu herdeiro mais próximo e que se tornou James I da Inglaterra. Do alto de suas muralhas, vê-se toda a cidade até os limites no estuário do Forth. Em dias mais claros, pode-se até avistar as primeiras montanhas das Highlands, as famosas terras altas escocesas.

É no castelo que estão as jóias da coroa e algumas relíquias reais, como a Pedra do Destino, bloco que representa a "mágica energia" dos druidas celtas e, reza a lenda, toda a nacionalidade escocesa. A fortificação também abriga o Memorial Escocês de Guerra e um museu militar. Durante o mês de agosto, concorrendo com o Festival de Edimburgo, torna-se sede do Military Tattoo, evento marcado pela exibição de bandas militares tradicionais escocesas e de outros países, a maioria ex-colônias britânicas.

Castelo de Edimburgo

O castelo (abaixo) é a maior atração de Edimburgo, cujas ruas (ao lado) são marcadas por diversas lendas e histórias boêmias

O Castelo de Edimburgo começou a ser construído no século 12, a partir da Capela de St. Margaret. Ao seu lado, pode ser visto o Mons Meg, um megacanhão que data do século 15. Outras construções foram sendo agregadas ao complexo, como a Torre de David, de 1386, erguida a mando de David II, filho de Robert the Bruce, que libertou a Escócia dos ingleses em 1306. Já em 1511, James IV mandou levantar o Great Hall, local onde se reunia o parlamento escocês antes da construção da atual sede, em 1639.

É do castelo que sai a principal rua da Cidade Velha, a Royal Mile, que desce a colina até o Palácio de Holyroodhouse, antiga residência da Rainha Mary Stuart. Hoje, o prédio é usado como a casa oficial da coroa britânica. O palácio e seus jardins podem e devem ser visitados, desde que nenhuma missão oficial esteja ocorrendo em Edimburgo.

MAPA

Edimburgo é a capital da Escócia e fica ao norte da ilha da Grã-Bretanha.

Berlim

Uma cidade do futuro no presente, que combina arquitetura arrojada, transporte urbano impecável e conservação do patrimônio histórico. Assim é Berlim, capital da Alemanha e uma das metrópoles mais vanguardistas da Europa. A cidade é uma das mais emergentes do planeta e isso se traduz em lojas elegantes (a KaDeWe é a segunda maior loja de departamentos do mundo), bares modernos e uma noite que vara a madrugada, embalada pelo som metálico da música *techno*, que nasceu por lá.

Nas ruas, há um permanente desfile de "Giseles Bündchen", punks, mauricinhos e pessoas de todas as tribos. Em meio a essa massa heterogênea, há cultura e história por todos os lados. Os berlinenses costumam dizer, de boca cheia, que a cidade tem mais museus do que dias de chuva. Deve ser verdade, porque são mais de 170. E dos mais diferentes temas.

Nem de longe a Berlim atual lembra a mesma área que, até os anos 1990, era partida ao meio por um infame muro que separava as duas Alemanhas e, por conseguinte, o comunismo do capitalismo. Daqueles tempos, só restaram alguns fragmentos transformados em atrações turísticas. Um deles é o Check Point Charlie, único portão por onde podiam atravessar os estrangeiros de uma Alemanha para a outra, no passado. Há uma guarita norte-americana (falsa, porque a original foi parar em um museu) e a réplica (idem) da placa que alertava os cidadãos de que, ao passar por ali, estavam deixando um território controlado pelos EUA, além de muitos vendedores de *souvenires*.

Dica: ***Entre os monumentos dedicados a lembrar os berlinenses dos horrores da guerra, o mais incisivo é a Gedächtniskirche. Com estilo neo-romano, a igreja foi atingida por bombardeios aéreos em 1943, mas sua estrutura não sofreu abalos críticos. Em vez de ser demolida, foi mantida em sua aparência semidestruída como testemunha inanimada dos tempos obscuros***

A outra lembrança do tempo em que as Alemanhas eram duas é um pedaço do próprio muro, que foi transformado em galeria de arte ao ar livre, com pinturas e rabiscos. Na última fase de renovação urbana, deu-se especial atenção à área que antes era atravessada pelo muro e seus arredores. Daí, surgiu um dos complexos arquitetônicos mais modernos do mundo, na Potsdamer Platz, que, até a reunificação, era apenas uma imensa área vazia do lado oriental da cidade. Hoje, o local reúne edifícios, cinemas, restaurantes e um átrio coberto por uma imensa tenda, tudo em estilo arrojado e futurista.

Reichstag

A Potsdamer Platz (abaixo) é um dos símbolos da Berlim moderna, que tem como marco maior o Portão de Brandemburgo (ao lado)

A Potsdamer Platz fica bem próxima à Berliner Dom, a catedral de Berlim; à Alexanderplatz, praça que abriga uma enorme torre de televisão com 368 metros de altura de onde se tem uma bela vista da cidade; e ao Tiergarten, um imenso parque situado no centro da metrópole. Nas imediações do Tiergarten, espalham-se uma série de atrações populares, como o neoclássico Portão de Brandemburgo.

Muito próximo dali está o Reichstag, onde funcionava o parlamento alemão. Aberto em 1894, o prédio foi palco de vários acontecimentos históricos, inclusive o marco da queda do governo nazista, quando os soviéticos tomaram o prédio e hastearam sua bandeira no topo. Após os anos de Guerra Fria e a reunificação alemã, com Berlim voltando ao status de capital nacional, o Reichstag voltou a ser sede do parlamento em 1999. Para isso, foi submetido a uma extensa reforma e ganhou uma monumental cúpula de vidro sobre o teto.

Baviera

Envolvida em um clima de festa permanente e com cidadezinhas que parecem fazer parte de um conto de fadas, a Baviera é a região mais visitada da Alemanha. Sua capital, Munique, é famosa por ter ar de cidade grande e cenário alpino, além de uma incrível oferta cultural que vai de prédios históricos à celebração da Oktoberfest, festa dedicada à cerveja.

Um bom passeio por Munique tem início na Marienplatz, o coração da metrópole que, no período medieval, abrigava um importante mercado. Hoje, a praça serve de palco para a prefeitura (ou rathaus), cuja imponente fachada em estilo neogótico exibe imagens da história e das lendas da Baviera.

De lá, é possível observar duas outras grandes atrações: a altes rathaus (prefeitura velha), que tem uma arquitetura fascinante, e a Frauenkirche (Igreja de Nossa Senhora), que pinta os céus da cidade com suas duas torres enormes. É de uma delas, inclusive, que se tem a melhor vista panorâmica da região. O cenário, que avança até os Alpes, é lindo.

De volta à terra, não há nada melhor que andar pelas ruas ao redor da Marienplatz. Do lado esquerdo da prefeitura, há lojas de grife e igrejas com arquitetura barroca – entre elas a bela Bürgersaal. Na parte de trás, ergue-se a Residenz, antiga residência dos reis da Baviera que hoje abriga um museu e um dos teatros com estilo rococó mais bonitos da Europa.

É para o lado direito da Marienplatz, porém, que segue a maior parte das pessoas que vai a Munique. Afinal, é lá que fica a Hofbräuhaus, a cervejaria mais famosa do mundo, onde o clima de Oktoberfest dura o ano inteiro, com todo mundo falando alto e se abraçando em meio às longas mesas de madeira, feito bons bêbados. Uma pitoresca banda com senhores trajados por roupas típicas dá o tom da festa no salão com decoração neo-renascentista enquanto os clientes bebem cerveja em enormes copos de 1 litro. Dentro da Hofbräuhaus, há um *biergarten* (jardim de cerveja), lugar em que os alemães se juntam para encontrar os amigos no verão.

Dica: ***A Baviera transpira religião. Há igrejas protestantes e católicas espalhadas por toda a província. A pequena cidade de Altötting é a que mais recebe peregrinos na região para observarem de perto o que eles chamam de Estátua Milagrosa, uma Virgem Maria negra encontrada em 1330***

Além de beber cerveja e comer muita carne de porco, os bávaros gostam muito de esporte. Por isso, Munique abriga dois dos mais belos complexos esportivos do mundo: o estádio de futebol Alianz Arena, sede da Copa do Mundo de 2006, e o Olympiapark, cuja arquitetura inspirada em lonas de circo fascinou o mundo durante os Jogos Olímpicos de 1972.

Neuschwanstein

O prédio gótico da Marienplatz (abaixo) e o Olympiapark (ao lado) em Munique mostram a diversidade única da Baviera

Depois de Munique, a cidade mais importante da Baviera é Augsburgo, o segundo município mais antigo da Alemanha. Repleto de fontes, prédios renascentistas, igrejas, museus e esculturas, o centro antigo da cidade é de encher os olhos. A prefeitura, por exemplo, abriga um dos salões mais bonitos do mundo, o Golden Hall.

Augsburgo fica no meio da Rota Romântica, um roteiro que corta a Alemanha e avança rumo ao sul até encontrar os Alpes. O fim do trajeto fica na belíssima cidade de Füssen, para onde turistas do mundo inteiro se dirigem a fim de conhecer Neuschwanstein, castelo bávaro que serviu de inspiração para Walt Disney erguer o Castelo da Cinderela, na Disney World.

MAPA

A Baviera é
uma província
situada no sudeste da
Alemanha, na Europa.

Viena

Dica: ***Vá ao Prater, parque de diversões com uma linda roda-gigante construída em 1898. Outro destino bacana é o Hundertwasser Haus, complexo de prédios construído entre 1983 e 1985 pelo programa de habitação social segundo o projeto do artista Friedensreich Hundertwasser***

Imponente, majestosa, encantadora... Qualquer adjetivo positivo parece pouco para descrever Viena, uma das cidades mais deslumbrantes do mundo. Sede da família Habsburgo – líder de um dos impérios mais importantes do mundo, a Casa da Áustria, que perdurou entre 1278 e 1918 –, Viena parece brincar com a história. Museus modernos e antigos, monumentos famosos e lojas de grife, metrôs altamente tecnológicos e pacatos bondes convivem lado a lado num compasso perfeito.

Tudo por lá gira em torno do Ringstrasse (Ring, para os íntimos), anel viário que substituiu as antigas muralhas que delimitavam a cidade no século 19 e hoje circunda toda a área central, onde está concentrada a maior parte das atrações históricas. Entre elas, destaca-se o Hofburg (Palácio Imperial), antiga residência de inverno dos soberanos Habsburgos, composta por 12 prédios interligados de diferentes épocas.

Ao lado do Hofburg, aparecem a catedral de Santo Estevão, construída do século 13 ao 15; a prefeitura, de estilo neogótico; o parlamento, com sua fachada grega; o Burgtheater (Teatro Municipal), de arquitetura barroca; e o Convento dos Capuchinos, que abriga a cripta imperial austríaca. Ah, e ainda tem o jardim Volksgartem, a Universidade de Viena, o Museu de Belas Artes, o Stadtpark (Jardim Municipal), a Igreja de São Pedro... Isso tudo sem falar na grande jóia da capital da Áustria: a música.

Mozart, Schubert, Beethoven, Stolz, Strauss e diversos outros compositores brilhantes estão presentes em cada canto da cidade, seja nos concertos e óperas ou nos locais em que eles viveram (alguns nasceram) ou se apresentaram. A Staatsoper, a ópera oficial, tem uma programação intensa durante o ano todo, assim como a Filarmônica de Viena, aquela mesma que, todo 1º de janeiro, celebra em sua Sala Dourada o Concerto de Ano Novo, transmitido pela TV e rádio em diversos países.

Fora a música, os mais de 50 museus de Viena são outro atrativo imperdível. Perto do Ring, concentra-se o Quarteirão dos Museus (Museum Quater), um dos maiores lugares do mundo reservados à arte. São 60 mil m^2 de museus construídos entre 1994 e 2001 no local onde ficavam os antigos estábulos do império. Os que merecem maior destaque são o Leopold, que tem uma bela coleção de Gustav Klimt (1862-1918), e o

Palácio de Schönbrunn

MAPA

Viena é a capital da Áustria, país localizado na Europa.

Palácios como o Museu de Belas Artes (abaixo) e o Hofburg (ao lado) fazem todo mundo se sentir pequeno em Viena

Momuk, de arte contemporânea. Um pouco mais afastado – mas não mais que dez minutos de metrô – está o Belvedere, outra jóia da cidade. Não há muitas obras famosas por lá, a não ser *O Beijo*, de Klimt, que por si só já justifica a visita.

Mais distante do centro fica o destino mais popular de Viena: o Palácio de Schönbrunn, sede do governo e casa de veraneio dos Habsburgos. Construído no início do século 17 e reformado no século 19, o palácio ostenta 1,4 mil salas e mais de 14 hectares de jardins deslumbrantes. Nesse espaço, fica o maior zoológico particular da Europa, um labirinto de plantas e o Gloriette, monumento de onde se tem uma linda vistas de Viena.

A habitante mais ilustre de Schönbrunn foi a imperatriz Elizabeth, mais conhecida como Sissi. Ela foi uma espécie de Princesa Diana do século 19, apontada em sua época como a nobre mais bonita da Europa. O palácio é cheio de referências à imperatriz, assim como boa parte das lembrancinhas vendidas na cidade. Com um desfecho trágico em sua vida (foi assassinada aos 61 anos), Sissi é adorada até hoje pelos austríacos.

Salzburgo

Dica: ***A pouco mais de duas horas de Salzburgo fica Innsbruck, capital do Tirol e uma das regiões mais turísticas da Áustria. Cercada pelos Alpes, a cidade tem alma italiana e conta com um centro histórico repleto de prédios inesquecíveis e restaurantes de dar água na boca***

O aeroporto chama-se Mozart. Um dos melhores cafés da cidade, também. Na hora de comprar um doce, ninguém pensa duas vezes e escolhe logo as famosas bolinhas de chocolate do Mozart. E as máquinas fotográficas registram o museu, a praça e a estátua de Mozart. Isso sem falar, claro, na casa onde Mozart nasceu. Mozart, Mozart, Mozart. Poucos lugares do mundo têm a identidade tão associada a uma personalidade quanto a austríaca Salzburgo.

Com tantas referências ao compositor, a cidade virou uma espécie de meca da música clássica. Todos os anos, turistas do mundo inteiro vão até lá para conhecer tanto o apartamento onde Mozart nasceu, que fica na Getreidegasse, 9, quanto o que ele viveu dos 16 aos 22 anos, na Marketplatz, 8. Ambos viraram museus. O primeiro tem um estranho conceito modernista e o segundo é muito interessante, já que reúne instrumentos originais que pertenceram ao músico, como o célebre piano de martelo.

O passeio "musical" por Salzburgo tem ainda outras paradas obrigatórias. Entre elas, a estátua de Mozart, que fica na praça homônima e foi erguida em 1842. Ali pertinho, encontra-se o edifício conhecido como Nova Residência, onde um carrilhão toca melodias do filho ilustre da cidade três vezes por dia. E no meio de tudo isso surge a Catedral de Salzburgo, cuja fachada insossa engana os visitantes, já que, por dentro, a igreja é maravilhosa. É lá que ficam a fonte onde Mozart foi batizado e o imenso órgão que ele tocou na juventude durante inúmeras missas.

Ao sair da Catedral, à esquerda, chega-se ao cemitério de São Pedro, um dos mais bonitos e antigos da Europa. No local, está enterrada a irmã do compositor, Anna Nannerl, apontada por muitos estudiosos como uma musicista tão competente quanto o irmão famoso, mas que não fez sucesso por causa do machismo que imperava na época. Para fechar com chave de ouro a (deliciosa) overdose de Mozart em Salzburgo, não há nada melhor do que assistir a um concerto em homenagem ao compositor. Os melhores espetáculos são apresentados no salão barroco St. Peter e acompanham um excelente jantar.

Centro e Hohensalzburgo

O Jardim Mirabell com a fortaleza ao fundo (abaixo) simboliza Salzburgo, que vista de cima (ao lado) é ainda mais bonita

Por incrível que pareça, não é só de Mozart que Salzburgo vive. A cidade tem outras atrações, como Hohensalzburgo, a maior e mais bem conservada fortaleza da Europa Central. De quase todos os pontos de Salzburgo é possível avistar a construção, que fica no alto de um rochedo. Para chegar lá, basta pegar um veloz trenzinho que sobe o Caminho Alto.

Outro ponto turístico é a Getreidegasse, que mais do que ser a rua onde Mozart nasceu, é um dos centros comerciais mais bonitos da Áustria. Repleta de tabuleiros ornamentados e fachadas históricas, a estreita rua com ares medievais abriga um sem-número de lojas e restaurantes.

Do outro lado do simpático riozinho que corta a cidade, próximo à estação de trem, fica o magnífico Jardim Mirabell. O palácio e as flores que ornamentam o jardim formaram alguns dos inesquecíveis cenários do filme *A Noviça Rebelde*, quase que inteiramente gravado nos campos floridos de Salzburgo.

Salzburgo fica localizada na região oeste da Áustria, na Europa.

Suíça alemã

Embora minúscula (em duas horas é possível percorrê-la de norte a sul), a Suíça oferece diversos roteiros para quem a visita. Um dos mais empolgantes é o que explora alguns dos cantões (Estados) alemães do país, cujo ponto de partida é Zurique, a capital financeira suíça (a política é Berna). Apesar da fama de certinha, Zurique não é, nem de perto, uma cidade sisuda e encapotada, como muitas pessoas imaginam. Durante a primavera, outono e verão, todos vão à rua para andar de bicicleta ao redor do lago que batiza o município, além de tomar banho de sol nos jardins ou saborear chopes em barzinhos a céu aberto.

O coração comercial da cidade é a Banhofstrasse, rua que sai da estação de trem e segue até o Lago Zurique. Ao longo do calçadão, é comum ver mulheres de *tailleur* e homens engravatados saírem dos bancos para irem aos restaurantes, aos bares e às lojas de grife da região.

Um programa bacana por lá é visitar a Orell Füssli, megalivraria onde dá para pegar um livro e se jogar numa poltrona para ler em paz. Outras boas dicas de passeio são o Kunsthaus, museu de arte que abriga obras de Picasso, Van Gogh e Monet; e a igreja Fraumünster.

Enquanto Zurique esbanja modernidade, Lucerne, a cidade mais turística da Suíça alemã, teima em viver no passado. Fincada no coração do país e fundada à beira de um lago no período medieval, a região passou anos cercada por um muro e ganhou fama graças às suas pontes que facilitavam o transporte de produtos e pessoas para o mercado local.

Dica: ***Para sair de Lucerne e chegar ao Monte Titlis, é preciso passar por Engelberg. Dona de uma paisagem deslumbrante, a cidade é recheada de lojinhas, tem um mosteiro beneditino maravilhoso e abriga uma fábrica de laticínios onde se pode ver como são produzidos os deliciosos queijos suíços***

Ao andar por lá, a sensação que se tem é a de estar na Idade Média. Há referências históricas por todos os lados, entre as quais se destacam os dois principais cartões-postais da cidade: a Chapel Bridge, ponte de madeira repleta de pinturas triangulares do século 17, e a Water Tower, torre octogonal que fica ao lado da ponte e que já foi usada como arquivo e prisão.

Mais do que monumentos históricos, Lucerne é um grande centro comercial e gastronômico. Suas simpáticas ruas centrais abrigam lojas para todos os gostos (e bolsos). Na hora de se divertir, não faltam barzinhos simpáticos com mesas ao ar livre ao lado do lago que dá nome à cidade.

MAPA

A parte alemã da Suíça ocupa as regiões centrais, norte e leste do país europeu.

Zurique (abaixo) e Jungfrau (ao lado), onde fica a estação de trem mais alta da Europa, fazem parte da Suíça alemã

Entre um copinho de cerveja e outro, ninguém fica indiferente à montanha iluminada que parece observar, atentamente, a vida noturna da região. É lá em cima que fica uma das principais atrações locais: o Monte Titlis, que tem 3.028 metros de altura e abriga uma moderna estação de esqui.

Para quem gosta de neve, porém, o melhor destino da Suíça alemã é Interlaken. Encravada em meio a inúmeros vilarejos construídos à beira de lagos verdinhos com montanhas nevadas ao fundo – aquele cenário típico de embalagens de chocolates –, a pequena cidade é o ponto de partida para Jungfrau. Conhecida como o topo da Europa, trata-se de uma montanha que abriga a estação de trem mais alta do Velho Continente, com 3.454 metros de altura. Lá em cima, há pistas, restaurantes e um palácio todinho feito de gelo. Isso sem falar nos mirantes de onde se pode observar o quanto a mãe natureza foi generosa com a Suíça.

Suíça francesa

A região do Lago Genebra, localizada no extremo sudoeste do território suíço, é tão suíça quanto um crepe francês. Lá, todos os habitantes fazem biquinho para falar os nomes das principais cidades que circundam o lago: Montreux, Lausanne, Vevey, Villeneuve e Genebra (Genève para eles). Mais do que isso, se vestem com extrema elegância, vão a ótimos restaurantes, espalham-se pelos enormes jardins à beira do lago para tomar sol e já nem se surpreendem mais quando passam diante de um castelo medieval.

Para os turistas, essa mistura de *fondue* com baguete não poderia ser melhor. Distante a apenas meia hora de barco da França, a região conhecida como Suíça francesa une o útil ao agradável, a ordem ao requinte, a natureza à história. Terra dos (bons) queijos e dos esportes olímpicos, sede da Organização das Nações Unidas (ONU) e de castelos milenares (ao todo são mais de cem), a área banhada pelo Lago Genebra é uma das mais bonitas da Suíça. E, convenhamos, ter esse título não é fácil.

Com cara de vilarejo alpino e estrutura de metrópole, Montreux é uma das principais cidades da região. Lá, Freddie Mercury, vocalista da banda de rock Queen, passou quase todos os últimos dias de sua vida antes de morrer, em Londres, em 1991. No centro da cidade, há uma estátua do cantor que vive cercada de homenagens prestadas por fãs.

Dica: ***Vizinhas de Montreux, Vevey e Villeneuve são outras duas cidades que compõem a Suíça francesa. Ambas são marcadas pela tranqüilidade e pela paisagem privilegiada do Lago Genebra. Em Villeneuve, há ótimos restaurantes à beira do lago onde se pode provar peixes e vinhos deliciosos***

Outra atração de Montreux é o Château de Chillon, fortaleza medieval que pertencia aos duques de Savóia. Construído no século 11 à beira do lago, o castelo pode ser visto de várias partes da cidade. Sua preservada estrutura é, no mínimo, impressionante. Das masmorras aos quartos dos príncipes passando pela sala de armas e pelo exótico banheiro, há lendas que não acabam mais entre seus muros.

A cidade mais charmosa da Suíça francesa, porém, é Lausanne. Lá, as ruas são limpas, as pessoas são elegantes e há construções históricas por todos os lados. Sem falar na presença constante do Lago Genebra, todo margeado por jardins ornamentais. O agradável clima local é, provavelmente, o grande responsável por Lausanne ter sido

Château de Chillon

MAPA

A parte francesa da Suíça está localizada no extremo sudoeste do país europeu.

O trajeto de trem (ao lado) que leva a cidades como Lausanne (abaixo), por si só, já vale qualquer viagem

escolhida a capital das Olimpíadas no mundo. É lá que fica o Comitê Olímpico Internacional (COI) e também o Museu Olímpico, maior símbolo da cidade.

Se Lausanne é a mais simpática, Genebra é a cidade mais famosa da região. De tão perfeita, transformou-se no centro mundial da paz. Berço da ONU e de pelo menos outras 200 organizações internacionais, já teve inúmeros moradores ilustres, como Rousseau, Voltaire e Calvin.

Genebra mistura prédios modernos e antigos castelos com uma precisão cirúrgica. A vista do lago cristalino que batiza a cidade a partir das ladeiras da parte antiga do centro é fora de série. Com mais de mil restaurantes e um sem-número de lojas de grife, a região é também um grande pólo comercial e cultural. Só de museus, há mais de 30 espalhados por lá, entre eles o de Arte e História, o de Ciências, o da Cruz Vermelha, o de Arte Moderna e Contemporânea e o Reformista.

Fiordes da Noruega

Dica: ***Entre Bergen e Oslo fica a bela cachoeira de Vöringfossen, com cerca de 190 metros de altura. Não perca a oportunidade de conhecê-la***

A Noruega é a terra do prêmio Nobel, do bacalhau e dos vikings. Mas, para o turista que chega até lá, trata-se principalmente da terra dos fiordes. Fiordes são golfos – braços de mar profundos – espremidos entre montanhas que sobem em ângulos muito dramáticos. Essas montanhas, muito freqüentemente, alcançam mais de mil metros e, durante o inverno, têm o topo tingido pelo branco da neve. Nos meses de calor (a partir do final de maio), a neve derrete. Do alto, escorre em cachoeiras que surgem por toda parte. As cachoeiras, por sua vez, se unem em rios caudalosos. E o calorzinho da primavera, aliado à fartura de água, faz com que as flores desabrochem por todos os vales entre as montanhas.

Parece – e é mesmo – lindo. Tanto que os fiordes da Noruega, que têm entre suas principais cidade Bergen e Oslo, também capital do país, recebem milhares de turistas anualmente. Para o deleite dos visitantes, os hotéis foram estrategicamente construídos nos melhores pontos geográficos, com excelentes vistas para os fiordes. Boa parte deles resistiu à invasão dos grandes grupos internacionais e é administrada de modo familiar, o que os deixa ainda mais simpáticos.

Começar o passeio aos fiordes por Bergen, ao sul da Noruega, é uma boa idéia. Trata-se de uma cidade jovem, onde todos ficam na rua até tarde e bebe-se muito. Bem, isso para os padrões noruegueses, nos quais os bares param de vender bebidas no início da madrugada, e supondo que haja dinheiro para pagar os caríssimos valores cobrados por tudo na região.

Para os fãs de música clássica, Bergen tem outra atração: a residência de Edvard Grieg. Trata-se do grande compositor norueguês, autor, entre muitas outras coisas, das músicas da peça *Peer Gynt*, de Henrik Ibsen, grande dramaturgo norueguês. Pois bem: a casa de Grieg, com seu piano e tudo, está aberta para visitas. Vale a pena.

Depois de alguns dias no "interior", chegar à capital Oslo é um acontecimento. Isso não diz muito, mas é como qualquer capital européia: organizada, limpa, com povo bonito que respira cultura. É uma cidade pequena, fundada pelos vikings por volta do ano 1050.

Na hora de passear, um dos maiores atrativos é ver a estátua de Alfred Nobel e o instituto que leva seu nome e

Em meio às paisagens dos fiordes (abaixo), pipocam simpáticas casinhas (ao lado) cercadas de verde

uma vez por ano premia quem mais se destacou nas ciências e nas artes. O próximo passo é rumo ao Parque de Vigeland, que passa uma boa idéia da cultura norueguesa. Afinal, todas as 212 esculturas de pessoas existentes no local foram feitas por Gustave Vigeland, sem ajuda de ninguém, artistas ou assistentes. Ao contrário de outras obras de arte, elas foram feitas para serem tocadas e sentidas. Por baixo da pedra, ou melhor, da pele, dá para sentir veias, músculos e até o volume de uma unha. É um local de aulas práticas de desenho e de arte para crianças e adultos poderem tocar corpos sempre nus.

MAPA

Os fiordes da Noruega ficam na costa oeste da Península Escandinava.

Istambul

Dica: ***Toda viagem à Turquia precisa incluir no roteiro a Capadócia, região no sudeste do país com formações rochosas incríveis e cavernas usadas como moradia em tempos remotos***

Acontece quando menos se espera. Talvez quando se está no último piso da Torre de Gálata observando os minaretes a espetar a topografia da cidade como se fossem alfinetes numa almofadinha. Talvez durante uma caminhada pelo bairro dos bazares. Ou ainda ao sair à procura de um lugar para jantar nos arredores da Istiklal Caddesh. Não se pode precisar com exatidão, mas o fato é que todo mundo é fisgado por Istambul, a maior cidade da Turquia.

Embora não seja capital do país desde 1923 – substituída pela burocrática Ancara –, Istambul não perdeu a majestade. É na antiga Constantinopla, objeto de desejo de bárbaros, cruzados, guerreiros otomanos e outros conquistadores, que se concentram os monumentos históricos e religiosos mais importantes do país. E é lá também que a Turquia se mostra cosmopolita como nunca.

Nas travessas da Istiklal, a rua de pedestres do bairro de Beyoglu, a vida parece começar depois das seis da tarde, com a abertura de bares, clubes e cabarés das mais variadas tendências sexuais. Alegres por natureza, os turcos se tornam eufóricos quando caminham em busca de farra.

Já sob à luz do sol, Istambul é mais interessante do outro lado do Chifre de Ouro, o braço de rio que separa Beyoglu (o lado moderno) de Eminönü (o lado histórico). O nome esquisito tem uma explicação charmosinha: contam que, para escapar dos guerreiros otomanos, os bizantinos jogaram tantos tesouros nas águas do canal que elas brilhavam como ouro. Exagero? Pode ser. Mas tem lá sua graça.

O outro lado do Chifre de Ouro é repleto de atrações. O passeio deve começar em Sultanahmet, onde fica a Mesquita Azul, a Basílica de Santa Sofia e os obeliscos do Hipódromo. O Palácio Topkapi, situado na colina que assiste ao encontro do Canal de Bósforo com o Mar de Mármaris, também chama a atenção. Tudo por lá é impressionante, dos jardins e tetos das salas ao ambiente onde repousam as relíquias do profeta Maomé – seus dentes, alguns fios de sua barba, suas espadas.

Depois de tanta demonstração de fé e cultura, é hora de se entregar às compras. E não há lugar melhor para pechinchar em Istambul do que nas centenas de lojas do Grande Bazar. Em seu emaranhado de corredores, vende-se tapetes, louças, artesanato, *suvenires*, jóias e roupas.

Mesquita Azul

MAPA

Istambul fica na divisa entre a Europa e a Ásia, na região do Mar de Mármara.

Mosaicos religiosos (abaixo) da Basílica de Santa Sofia são famosos em Istambul; ao lado, a Capadócia

Outra dica de roteiro interessante pela cidade é o passeio de barco pelo Bósforo, o estreito que separa a Istambul européia da asiática. Nas margens, não faltam palácios pertencentes a famílias ricas. O charme do passeio é que, logo depois de um almoço num restaurante de comidas típicas à beira do Bósforo, o barco avança pelo lado asiático da cidade. Ali, o destaque é a visita demorada ao Palácio de Beylerbeyi, antiga residência de verão dos sultões a partir do século 19.

Atenas

Visitar Atenas é o mesmo que voltar no tempo. É também uma espécie de aula de história interativa, pois se passeia pelas ruas em que Sócrates, Platão e Aristóteles filosofavam. Como se não bastasse, a simpática capital grega oferece um clima gracioso que pode ser sentido ao circular por suas ruelas coloridas por primaveras e hibiscos, sempre cravejadas de restaurantes rústicos.

A Atenas moderna combina os clássicos históricos com excelente infra-estrutura turística. No centro, estão as principais atrações e é possível conhecer quase todas elas com uma simples volta a pé. Há ainda uma boa rede de metrô que liga o aeroporto aos principais pontos da cidade e também aos bairros mais centrais, como Plaka, Monastiraki e Psiri.

Na hora de passear, o destino principal é o Parthenon. Há muitas estátuas gregas famosas espalhadas por museus em vários cantos do mundo, mas ver pessoalmente esse Patrimônio da Humanidade é uma experiência única. Ele fica na Acrópole, que significa "Cidade no Topo", onde se encontram quatro das mais importantes obras-primas da arte grega clássica: o Propileus, o Erecteion e o Templo de Atena Nike (além do próprio Parthenon). Na subida até a região, vê-se ainda o imponente anfiteatro Odeon de Herodes Atticus, construído por volta de 161 a.C. com capacidade para cerca de 6 mil espectadores.

Dica: ***Prove a típica culinária de Atenas, que basicamente se sustenta em quatro segredos: os ingredientes frescos e de boa qualidade, o uso correto das ervas aromáticas e das especiarias, o famoso azeite local e um toque de simplicidade***

Uma vez na Acrópole, tem-se uma bela vista de Atenas. De um lado, os olhos alcançam Pireus, o ponto de partida para as ilhas e para o Oriente. Do outro, a vista se perde nos telhados vermelhos dos bairros históricos. É algo inesquecível.

Após a visita ao Parthenon, o trajeto deve seguir pelas estreitas e charmosas vielas, onde cachos de uva rosada fazem parte da decoração natural das casas. Lá pertinho, fica a Torre dos Ventos, também conhecida como Horologion de Andrônicos, erguida para medir o tempo por volta de 100-50 a.C. A grande maioria dos monumentos gregos, por sinal, foi construída a partir do século 6 a.C. e remete aos tempos do glorioso império.

Mas Atenas não vive apenas do passado. Os Jogos Olímpicos de 2004 fizeram com que uma série de reformas fosse realizada na cidade. Os principais pontos turísticos

Parthenon

O Templo de Atena Nike (abaixo) é uma das obras-primas da arte grega clássica localizadas na Acrópole (ao lado)

receberam investimentos para uma melhor preservação. Além disso, placas com informações históricas estão afixadas por todas as partes – quase sempre em inglês, já que o grego é praticamente impossível de ser compreendido pelos visitantes.

Por fim, à parte de Atenas, é possível criar uma grande diversidade de roteiros na região que alimenta o gosto de qualquer turista. Isso porque a capital da Grécia está cercada por ilhas cravejadas com casinhas e igrejas brancas com domos azuis que se espalham por belíssimas escarpas. Santorini e Mikonos são duas das ilhas gregas dos sonhos.

Praga

Praga, capital da República Checa, esbanja charme, história e cultura. Com alma própria, a cidade é uma ótima alternativa para quem já esteve em Paris, Madri, Londres e Roma. Afinal, quem faz o roteiro contrário e conhece primeiro a cidade checa corre o risco de não achar as vizinhas européias tão extraordinárias.

Em Praga, tudo acontece no bairro de Stare Mestro, ou Cidade Velha, que concentra as mais famosas atrações da capital checa, além de restaurantes, teatros e lojinhas para fuçar. Caminhar pelas ruas tortuosas do bairro é o que todo mundo mais gosta de fazer.

Artistas e músicos exibem-se nas ruas pintando quadros e tocando jazz diante de uma legião de turistas que vai e vêm. Bares funcionam até tarde da noite e há sempre alguma cozinha aberta pronta para servir um *bramborók*, espécie de panqueca de batatas, famosa em todo o país.

Um ponto de convergência é a Praça da Cidade Velha, uma das mais belas do mundo, cercada por cafés que funcionam em edifícios históricos de diversos estilos arquitetônicos. Tem de tudo: barroco, gótico, renascentista, rococó, *art noveau* e neoclássico.

Dica: ***Vá a qualquer pub e peça a carta de cervejas. Normalmente, são oferecidos mais de 180 tipos diferentes da bebida nos bares da cidade***

Ali perto, no antigo prédio da prefeitura, está o famoso Relógio Astronômico, que tem uma série de anéis dourados que poucos conseguem decifrar. O mecanismo aponta não somente horas, mas também o movimento do sol e da lua em relação aos 12 signos do zodíaco. A cada hora cheia, uma ferramenta aciona bonecos animados que desfilam diante dos olhos extasiados dos visitantes.

Outras preciosidades arquitetônicas de Praga estão na Rua Celetná, como o Obeceni Dum, que significa Ópera Municipal, e o Teatro States. Foi nesse local que se executou pela primeira vez a ópera *Don Giovani*, em 1787, regida pelo próprio autor, um certo Amadeus Mozart, então uma jovem promessa da música clássica.

Praga é cortada pelo Rio Moldávia. Em suas margens, há bancos para quem quiser passar um tempo olhando o cenário que parece saído de um conto de fadas. O rio separa a Cidade Velha de outro bairro igualmente importante, o Hradcany, quase todo ocupado pelo Castelo de Praga.

Para atravessar o rio, há diversas pontes centenárias de pedras, como a Carlos IV, reservada aos pedestres e

Pontes do Rio Moldava

MAPA

Praga é a capital da República Checa, no Leste Europeu.

Praga é uma cidade peculiar e cheia de encantos, como o relógio astronômico (abaixo) e o imponente castelo (ao lado)

ornamentada por esculturas sacras dos dois lados. É ponto de artistas e ambulantes e tem sempre muito movimento de turistas, que ficam indo e voltando seja para visitar o castelo, seja pelo simples prazer de fazer parte da paisagem.

Construído no século 90, no alto de uma colina, o Castelo de Praga tem meio quilômetro de extensão e o tamanho de um pequeno bairro, com ruas e alamedas internas. Ocupada por conventos, basílicas, uma catedral e até pela sede do governo checo, a fortificação é uma das mais belas da Europa.

A troca de guarda da entrada do castelo, ao meio-dia, acontece ao som de bandinha e fanfarra. Não se deve perder. Assim como vale disputar espaço em frente à casa 22 do complexo, onde viveu o escritor Franz Kafka, filho ilustre da cidade e autor de *A Metamorfose*.

Cracóvia

A Cracóvia é uma das cidades mais importantes da Polônia. Com um pé cravado na história européia e outro no típico folclore polonês, a região conta com um centro belíssimo, apontado pela Unesco como um dos patrimônios históricos tombados mais visitados do mundo.

E é nos arredores dessa área que fica a Catedral Mariana, cuja visita deve ser feita antes mesmo de o dia clarear. Afinal, é quando os primeiros raios de sol aparecem que, todos os dias, um ator escala os quase 300 degraus que separam o piso da igreja do seu ponto mais alto. Lá, ele usa um clarim para tocar um trecho da canção medieval *Hejnal*, que é interrompida antes do fim. Trata-se de um ritual repetido há séculos para relembrar a morte de um vigilante polonês que, logo após anunciar uma invasão bárbara, morreu varado por uma flecha inimiga. Quem não gosta de acordar cedo não precisa ficar preocupado: a encenação ocorre a cada hora cheia do dia. Só que, é inegável: a primeira sempre é a mais bonita.

Após se deleitar com o espetáculo, é hora de caminhar pela cidade. Ao sair da Praça do Mercado Central, onde fica a Catedral Mariana – e que já foi palco de missas celebradas pelo ex-papa João Paulo II, polonês que tinha como nome de batismo Karol Wojtila –, alcança-se o Largo Rynek, onde se concentram artistas de rua, pintores, freiras, carruagens e vendedores de flores. De lá, vale a pena seguir para o Sukiennice, um mercado do século 12 hoje ocupado por lojas de *souvenires*. O artesanato, por sinal, está presente por toda a Cracóvia, e não poderia ficar de fora do "mercadão" popular da cidade. Ao entrar no Sukinnice, o visitante dá de cara com centenas de modelos de bonecas do tipo *matryoscas* (aquelas que cabem umas dentro das outras). Mais populares que elas apenas a imagem da Virgem de Czestochova, padroeira do país, que está presente em qualquer objeto que possa ser gravado.

Fora do mercado e se afastando um pouco das compras, há uma opção um tanto quanto mais aventureira: escalar a Torre da Cidade, no próprio Largo Rynek. A escalada é árdua e recomendada apenas para quem está com o físico em dia. O bom é que a vista do alto da torre recompensa qualquer esforço.

Dica: ***Na hora de escolher a sobremesa depois de jantar ou almoçar, não pense duas vezes e peça uma sernik, uma das mais saborosas tortas de queijo da Europa***

Catedral Mariana

Flores coloridas (abaixo) e prédios históricos (ao lado) dominam a paisagem da Cracóvia, que abriga um belo patrimônio tombado

De volta à "terra firme", é hora de explorar as ruazinhas típicas da Cracóvia, como as populares Florianska e Grodzka. Elas partem do largo em que está a Torre da Cidade e chegam até os muros que cercavam a região em períodos remotos. No trajeto, o visitante encontra lojas de grife, mercadinhos de pulgas, docerias e alguns decadentes restaurantes populares. Esses restaurantes, diga-se, são excelentes opções para provar a culinária local. Heranças do comunismo, geralmente apresentam péssimo aspecto de conservação, mas são os únicos que oferecem as legítimas porções de *pierogi* – pastéis cozidos com diferentes recheios –, a iguaria típica da Cracóvia.

São Petersburgo

São Petersburgo, na Rússia, fica às margens do Rio Neva e já teve tantos nomes quanto o número de atrações turísticas que reúne. Antiga Petrogrado (de 1914-1924) e Leningrado (1924-1991), foi projetada por Pedro, o Grande, e é famosa pelas "noites brancas" imortalizadas pelo famoso escritor Dostoievski ao retratar o crepúsculo tardio que marca o verão na região.

A cidade, que é a quarta maior da Europa e a segunda da Rússia, atrás apenas da capital Moscou, tem um belo centro histórico considerado Patrimônio Mundial pela Unesco. Entre as principais atrações estão as construções do período "comunista" e dois dos museus mais famosos do planeta: o Hermitage e o Palácio de Mármore.

O Hermitage é um dos maiores museus do mundo. Fartamente recheado por obras russas de diversas épocas, tem sua coleção de mais de três milhões de peças distribuída em dez prédios. Todos eles compõem o imponente Palácio de Inverno, que foi a residência dos czares, monarcas que dominaram o país entre 1546 e 1917. Com estilo rococó, os prédios do museu formam uma grande praça, onde está também a Catedral de Santo Isaac e a estátua de Nicolau I.

O Palácio de Mármore, por sua vez, fica localizado entre o Campo de Marte e o Cais do Palácio. Primeira construção de estilo neoclássico em São Petersburgo, já serviu como sede do Ministério do Trabalho (1917-1919), da Academia da Cultura Material (1919-1936) e do Museu Lênin (1937-1991) antes de acolher as obras do Museu Estatal Russo. O que mais chama a atenção no palácio, porém, é a sua opulência. Edificado com mármores de diversos tipos e 32 tonalidades, o prédio tem ainda em sua estrutura granito finlandês granulado e outras preciosidades.

Dica: ***São Petersburgo está 600 km ao norte de Moscou. É longe, mas quem puder deve visitar a capital da Rússia para conhecer o Kremlin e a fantástica Catedral de São Basílio***

Mas a vida em São Petersburgo vai além de museus. A geografia da cidade é bastante singular. Como boa parte da região é cortada por canais sobre os quais foram construídas belas pontes, o destino é comumente chamado de "a Veneza do Báltico".

É em meio a essa paisagem que fica Nevsky Prospect e seus arredores. Trata-se da principal via da cidade, onde ficam os melhores hotéis, bares e restaurantes de São Petersburgo. Uma vez lá, vale a pena conhecer o Gostinny Dvor, um dos maiores shoppings da Rússia. A fachada

Catedral de Santo Isaac

MAPA

São Petersburgo fica na Rússia, na entrada do Golfo da Finlândia, no Mar Báltico.

São Petersburgo reúne preciosidades como o Museu Hermitage (abaixo) e o Templo do Salvador sobre o Sangue (ao lado)

engana, já que o prédio foi desenvolvido a partir de um antigo mercado municipal datado de 1765, mas em seu interior é possível encontrar basicamente de tudo, de roupas a artesanato, passando por objetos de decoração e perfumes.

Outro local que merece ser visitado em São Petersburgo é o incrível Templo do Salvador sobre o Sangue, erguido entre 1883 e1907. A igreja, cuja fachada colorida é claramente inspirada na famosa Catedral de São Basílio da Praça Vermelha, na Rússia, fica no exato local onde o czar Alexandre II foi assassinado num atentado a bomba em 1881.

Nova York

América

Califórnia

Dica: ***Inclua no passeio o magnífico Yosemite Park, as vinícolas do Napa Valley, a charmosa cidade de Sausalito (ligada a São Francisco pela Golden Gate) e San Simeon, onde fica o Castelo Hearst, antiga residência de William Randolph Hearst, magnata da imprensa que inspirou Orson Wells a criar o filme* Cidadão Kane**

A Califórnia, terra da Disneylândia, dos principais estúdios de cinema do mundo e de praias lotadas de gente bonita e requintada, é um dos destinos mais ecléticos e interessantes do planeta. Não é à toa que a região é conhecida como o local onde tudo é possível.

Localizado no sudoeste dos Estados Unidos, o Estado reúne diversas cidades inesquecíveis, como Los Angeles, uma *big* metrópole de quase 1,3 mil km^2 e que aglomera 67 distritos. O mais famoso deles é identificado por um enorme letreiro construído em 1923 sobre o Monte Lee, que exibe orgulhosamente o nome Hollywood.

Meca do cinema ocidental, Hollywood abriga ao menos dois pontos turísticos imperdíveis. O primeiro é o Grauman's Chinese, cinema com arquitetura chinesa onde estão registradas marcas de mãos e pés de artistas em lajotas de cimento. O outro é a lendária Calçada da Fama, com estrelas de bronze incrustadas no chão, cada uma com o nome de um astro. Ambas ficam na glamorosa Hollywood Boulevard.

Ainda na rota da sétima arte, Venice, a praia mais famosa de Los Angeles, é um ótimo lugar para quem deseja encontrar na rua (ou na areia) os ídolos da telona. O mesmo pode ser dito de Beverly Hills, cidade situada no Condado de Los Angeles onde diversos artistas moram em mansões inacreditáveis. Lá pertinho fica Long Beach, outra figurinha carimbada dos filmes norte-americanos que retratam adolescentes curtindo o verão na praia.

A partir de Los Angeles, um bom passeio pela Califórnia deve seguir rumo a São Francisco, uma das cidades mais progressistas dos Estados Unidos. Conhecida por ser uma região livre de preconceitos, São Francisco mescla arquitetura vitoriana em meio a arranha-céus e está situada à beira-mar, na costa do Pacífico. Lá, é possível andar de *cable car* (um bondinho), fazer compras em diversas lojas de grife, visitar o bairro chinês de Chinatown e conhecer a bela ponte Golden Gate, símbolo da cidade.

Uma vez em São Francisco, vale a pena dar um pulo na Ilha de Alcatraz. O destino é famoso por ter sido sede de um antigo presídio – desativado desde 1963 – de segurança máxima que abrigou bandidos ilustres, como Al Capone.

São Francisco

Carrões e mansões fazem parte do cenário de Beverly Hills (abaixo), cidade que fica bem próxima a Los Angeles (ao lado)

Outro destino californiano famoso é a Disneylândia, que fica na pequena cidade de Anaheim, próxima a Los Angeles. Inaugurado em 1955, o primeiro parque temático criado por Walt Disney deu origem ao maior complexo de diversão do planeta. Milhares de turistas viajam todos os anos para a região a fim de visitar o Mickey e a sua turma. De quebra, têm a oportunidade de ir à Universal-Hollywood, outro centro temático imperdível, que tem como apelo os bastidores de um estúdio de cinema.

E não pense que as atrações da Califórnia param por aí. A região ainda conta com San Diego, cidade repleta de histórias por fazer fronteira com Tijuana, no México; Sacramento, a interessante capital do Estado; e o Vale do Silício, que concentra as maiores indústrias de tecnologia do mundo.

MAPA

A Califórnia fica na região sudoeste dos Estados Unidos e faz divisa com o México.

Nova York

Dica: ***Nova York abriga dois museus que estão entre os maiores e mais importantes do mundo: o Metropolitan e o Museum of Modern Art (MoMA). Outro ponto turístico imperdível é a Estátua da Liberdade, célebre presente dado à cidade pela França***

Nova York é a cidade mais famosa e cosmopolita do mundo. Bem cuidada e cheia de opções de consumo e passeios, a metrópole norte-americana é uma das que mais atraem turistas e aventureiros no planeta. Capaz de se renovar a cada instante, a Big Apple, como é chamada carinhosamente, não perdeu uma de suas principais marcas, a miscigenação, nem mesmo após o atentado terrorista em que aviões colidiram e derrubaram um de seus maiores símbolos, as Torres Gêmeas, em 11 de setembro de 2001.

Prova disso é que a cidade recebe bem os estrangeiros, sobretudo porque é um lar para quem vem de fora. Pelas ruas de Nova York, nem é preciso treinar para disfarçar o sotaque, pois todo mundo tem algum. E no meio dessa Torre de Babel há um reduto reservado para cada cultura e até bairros inteiros e ruas para as mais influentes, como Chinatown, Little Italy, Spanish Harlem e Little Brazil, como os brasileiros tratam a 46th Street.

A famosa Ilha de Manhattan é um dos cinco distritos em que foi dividida Nova York. Os outros são Brooklyn, Queens, Bronx e Staten Island. Mas quando se fala de turismo na Big Apple, não tem jeito: as atenções se voltam mesmo é para Manhattan. A ilha tem cerca de 4 km de largura por 22 km de extensão e fica entre os rios Hudson e East, a poucos quilômetros da desembocadura no Oceano Atlântico.

Transitar na cidade é muito fácil, mesmo na hora do *rush*, quando as ruas são tomadas de carros e pedestres apressados. As melhores opções são os táxis – são mais de 12 mil, todos amarelos – e o metrô. Qualquer ponto da cidade está no máximo a cinco quarteirões de uma estação. Andar a pé também é uma grande pedida.

No imenso emaranhado de prédios que é Nova York, também é possível encontrar muitas áreas verdes, com destaque para o parque mais famoso do mundo, o Central Park. Projetado em 1853, está situado no centro da ilha, tem cerca de 1,5 km de largura por 7 km de extensão e abriga mais de 15 mil árvores. As atrações no local são muitas, o que faz dele o *playground* da cidade.

Um passeio pela passarela suspensa da Brooklyn

Estátua da Liberdade

MAPA

Nova York fica no Estado homônimo, no nordeste dos Estados Unidos.

A Broadway (abaixo) e o Empire State em meio ao emaranhado de prédios (ao lado) estão entre os grandes símbolos da cidade

Bridge, que liga Manhattan ao Brooklyn, também é algo inesquecível. Construída entre 1867 e 1883, a enorme ponte representa um símbolo da prosperidade de Nova York. Fora isso, visitar o Empire State é uma oportunidade única. De lá de cima, pode-se ver Nova York por outro ângulo, acima de todos os outros prédios.

A meca do capitalismo ainda abriga o centro financeiro mais importante do planeta. A Times Square e seus *billboards* luminosos são a quintessência do consumismo e da vitalidade da metrópole. Fica em um cruzamento cheio de caminhos, na esquina onde a Broadway cruza a 7th Avenue, na altura das ruas 44th e 45th. É o centro nervoso de uma cidade que nunca dorme. Em volta dessa área estão lojas de todos os tipos, de eletrônicos até *souvenires*, e os teatros mais famosos da fantástica Broadway.

Las Vegas

Dica: ***Nos hotéis de Las Vegas, é comum encontrar uma Wedding Chapel (Capela de Casamento). E, sim, é realmente possível se casar nessas capelas em questão de horas ou minutos, mas o entrelace matrimonial não é aceito como oficial na grande maioria dos países***

Uma Disneylândia para maiores. Essa é a forma mais objetiva de definir Las Vegas, a Cidade do Pecado. Localizada no Deserto de Nevada, nos Estados Unidos, Las Vegas se dedica 24 horas por dia a satisfazer os prazeres de turistas do mundo inteiro desde que sua fundação artificial foi arquitetada pelo mafioso Ben "Bugsy" Siegal, em 1946.

Tudo na Cidade do Pecado acontece em função dos cassinos. Durante uma estadia por lá, o visitante pode aproveitar uma grande variedade de opções para tentar a sorte: caça-níqueis, pôquer, roletas, black-jack, dados, bingo... Tudo estimula o jogo. Nos corredores dos hotéis, nos restaurantes, na porta do banheiro, enfim, em todo canto tem uma máquina ou mesa. E, próximo a elas, muitas pessoas gastando dinheiro e nem tantas assim ganhando alguma coisa.

Impulsionada pela indústria da jogatina desenfreada, Las Vegas conseguiu, em pouco mais de 60 anos, transformar-se no centro mundial do entretenimento adulto. Os maiores shows musicais, mágicos e humoristas dos Estados Unidos apresentam-se diariamente na cidade. Muito mais que em Orlando, onde fica a Disney World.

Hotéis luxuosos com preços spopulares, restaurantes com culinária do mundo inteiro, montanhas-russas, cinemas 3D e outras atrações fazem até com que a cidade se pareça com um lugar ideal para o turismo familiar. Mas, não dá para se enganar. Las Vegas foi feita, definitivamente, para adultos. Basta dar uma volta pela rua e observar o sem-número de "shows sensuais" para entender isso.

De qualquer forma, os pontos turísticos são, na verdade, os hotéis-cassino. A maioria deles está localizada na Strip, a rua principal da cidade. Cada um tem, no mínimo, um grande cassino, uma atração totalmente grátis, um show ou um espetáculo e uma lista de restaurantes com dezenas de opções culinárias. Um grande exemplo é o Bellagio, palco do imperdível show diário das águas dançantes. Outro é o Flamingo, um dos mais lendários da cidade. E tem também o Stratosphere, que abriga um dos brinquedos mais altos do mundo, e muitos outros.

E as opções de diversão não param por aí. Em frente ao Hotel Mirage, um vulcão cenográfico entra em erupção todos os dias. Vale a pena dar uma passada por lá e entender como

WELCOME
TO Fabulous
LAS VEGAS
NEVADA
THEhotel
MANDALAY BAY

MAPA

Las Vegas fica no sul do Estado de Nevada, nos Estados Unidos.

entre eles o Stratosphere (abaixo) com sua torre gigante

o mundo da fantasia funciona na prática. Também é inesquecível conferir a Freemont Street Experience. Trata-se de uma rua coberta por uma gigantesca tela de vídeo. Durante o dia, a tela exibe vídeos cheios de efeitos especiais. E, para quem gosta de luxo, é indispensável conhecer o The Forum Shops, no Hotel Caesars. É lá que ficam as lojas mais chiques e caras dos Estados Unidos.

Quem vai a Las Vegas também pode aproveitar a viagem para visitar o Grand Canyon. A famosa maravilha natural fica a cinco horas de carro da Cidade do Pecado pela Route 66, que por si só já vale a viagem.

Toronto

Toronto é a maior cidade do Canadá. Moderna e repleta de estrangeiros, muitos deles estudantes de todas as idades que vão para lá aprender inglês, a região tem como maior símbolo onipresente a CN Tower, imensa torre idealizada por empresas do ramo ferroviário. Ao visitar o mirante, fica fácil constatar que a estrutura é, de longe, a mais exemplar arquitetura do gênero. Afinal, é verdade que existem outros monumentos, prédios e construções mais altas que a CN Tower, mas nenhuma delas é tão imponente muito menos tem a proeza de ter sido levantada sobre um único alicerce, que deixa um enorme vão livre entre a base da torre e o solo.

Ao todo, são 552 metros de altura. No topo, há terraço panorâmico, bar e restaurante. Batizado de 360º, o restaurante não ganhou esse nome à toa. A belíssima estrutura do lugar é giratória – a maior do mundo entre os restaurantes do gênero.

Antes de se deliciar com a bebida, a comida e, principalmente, o panorama do lugar, vale a pena subir até a plataforma da torre localizada a 342 metros do solo, onde o chão é de vidro. Sim, dá muito medo ficar lá em cima, mas a experiência é única. Já ao lado da base da CN Tower ficam o Eaton Centre, shopping com 320 lojas, restaurantes e 17 salas de cinema, e o Skydome, imenso estádio de beisebol que é o único no mundo com teto retrátil.

Dica: ***Se a idéia é explorar todo o Canadá, inclua no roteiro Vancouver, Victoria, Calgary e Edmonton, no lado do Pacífico; Montreal e Quebec, a área francesa do país; e Ottawa, a capital***

O trajeto básico na cidade deve seguir pela Yonge Street até Harbourfront, antigas docas daquelas águas que, sob o disfarce do Lago Ontário, parecem um grande mar. No Harbourfront, há inúmeras possibilidades de entretenimento e cultura. Isso se traduz em passeios por galerias de arte, concertos a céu aberto e peças de teatro. Ao seguir pela costa do lago, chega-se ao Ontario Place, um misto de parque de diversões e cinemas Imax com garantia de diversão para toda a família.

Toronto também abriga o excelente Royal Ontario Museum (ROM), que conta com nada menos do que seis milhões de objetos arqueológicos, modernos e científicos. Passar uma tarde por lá é inesquecível, ainda mais se o destino seguinte, já no fim do dia, for a Yonge Street, a rua mais longa do mundo. Fundada como uma antiga

CN Tower

O novo e o velho contrastam na paisagem da cidade, assim como a onipresente CN Tower

trilha, a Yonge começa bem próximo às docas e segue por incríveis 1,9 mil km do lago que beira Toronto até a cidade de Rainy River, ao norte da província de Ontário. Sorte que a maioria dos pontos turísticos e grandes teatros da região ficam reunidos em um só ponto, perto da CN Tower.

Depois de vasculhar toda a cidade, a melhor pedida é explorar os arredores de Toronto. A apenas 70 km do centro fica, por exemplo, estão as Niagara Falls, uma das maiores e mais famosas cataratas do mundo.

Quebec

Quebec, localizada na província de mesmo nome, no Canadá, é uma das cidades mais antigas da América do Norte, fato que lhe rendeu o título de Patrimônio Histórico da Humanidade pela Unesco. Sua origem data de 1608, quando o explorador francês Samuel de Champlain fundou a colônia anteriormente ocupada pelos iroqueses, nativos que habitavam a região. Em 1759, a derrota para os ingleses na Batalha das Planícies de Abraão deu à Inglaterra o domínio sobre a cidade e a província.

Apesar do controle, os ingleses não conseguiram impor sua língua, cultura e religião aos habitantes de Quebec. A região, que tem o francês como língua oficial e maioria católica, é um retrato da Europa na América, tanto que é reconhecida como sede do Canadá francês.

Quebec pode ser dividida em três partes: a mais antiga é a Basse-Ville, ou Cidade Baixa, que fica ao longo do Rio São Lourenço – uma das maiores hidrovias do mundo. Já na parte de cima, fica a cidade murada, chamada de Haute-Ville, ou Cidade Alta. É possível fazer uma caminhada de até 4 km sobre as muralhas e voltar no tempo observando canhões e muros de pedra que chegam a 2,5 m de espessura. Diversas lojas e restaurantes, além de imensas catedrais, estão no interior das fortificações.

A terceira parte é a Grande Allée, que fica depois da muralha e abriga o Hotêl Du Parlement, sede do legislativo da província. A construção, de 1886, tem uma imponente fachada com 22 figuras de bronze, cada uma representando um personagem importante no desenvolvimento de Quebec.

Outra atração da cidade é o delicioso Parc des Champs-de-Bataille, um dos maiores parques urbanos da América do Norte. O local nem parece que foi o campo de batalha da luta entre franceses e ingleses, em 1759, quando o futuro do Canadá foi decidido. A história sangrenta deu espaço ao verde, às fontes e a grandiosos monumentos. A mudança de clima foi tanta que todo mês de fevereiro o parque serve de palco para o carnaval de Quebec, que tem brincadeiras de inverno como banho ou tobogã na neve e até desfiles de carros-alegóricos.

Outro destino que não pode deixar de ser visitado é o Château Frontenac, cartão-postal da cidade. O hotel, que

Dica: ***O Golfo de St. Lawrence, onde fica a cachoeira Montmorency, conta com outra beleza natural imperdível: a Ile d'Anticosti, que abriga uma reserva ambiental***

Château Frontenac

A influência francesa gera um clima europeu nas ruas de Quebec (ao lado), que fica a 7 km da Cachoeira Montmorency (abaixo)

mais parece um castelo, foi construído em 1893 e serviu de cenário para importantes fatos históricos, como o encontro de Franklin D. Roosevelt e Winston Churchill para definir o destino da Segunda Guerra Mundial.

Depois do roteiro cultural, nada como curtir a natureza de Quebec: a apenas 7 km a leste do centro da cidade está a Cachoeira Montmorency, com queda de 84 metros de altura, 30 metros a mais que a queda das famosas Cataratas de Niágara, também no Canadá. No inverno, o *spray* das águas congela e forma uma montanha de gelo nas laterais e na base da cachoeira, um espetáculo à parte. Dá para ver a queda d'água de muitas maneiras: de um bondinho aéreo, de uma ponte suspensa ou de trilhas que sobem os penhascos.

Quebec fica na chamada área francesa do Canadá, na América do Norte.

NOTRE DAME DES VICTOIRES

Cancún e Riviera Maia

Dica: ***Admire Kukulcán, a principal edificação de Chichén-Itzá. Uma das explicações sobre a pirâmide, de 30 metros de altura, dá conta de que ela servia como um calendário. Afinal, cada um de seus quatro lados tem 91 degraus, que, somados, totalizam 364, com um último patamar, comum a todos os lados, completando o que seriam os 365 dias do ano***

A Riviera Maia é uma famosa zona turística mexicana banhada pelo Mar do Caribe, que inclui destinos como Playa del Carmen, Tulum e Cozumel. A região, que compreende 140 km de costa, fica pouco mais de 30 km ao sul de Cancún, o destino mais badalado do México. E é por lá que deve ser iniciado um bom passeio pela área.

Em Cancún, não são o agito e a badalação os responsáveis por aquele primeiro impacto que se tem ao chegar a uma nova cidade. O que faz, sim, muitos turistas soltarem "uaus" e "ohs" quando começam a circular pelas praias é o incrível mar caribenho, cujos inúmeros tons de azul são conhecidos até por quem nunca esteve lá.

O balneário também não seria tão famoso sem os imensos hotéis que hoje o simbolizam. A chamada Zona Hoteleira (ou Isla Cancún), o setor turístico, tem 23 km ocupados por resorts, bares, restaurantes, shoppings, baladas e mercados. A área, situada à beira da Lagoa Nichupté, foi totalmente planejada para o turismo pelo governo mexicano, que construiu a cidade em 1970.

Além da Zona Hoteleira, Cancún tem um lado realmente genuíno. Trata-se de Ciudad Cancún, onde mora a maioria dos nativos e das pessoas que vieram de todo o México no começo dos anos 1980 para fazer a vida. Lá, os preços não são exorbitantes como na zona turística, sobretudo os dos restaurantes.

De Cancún, partem os principais passeios para a Riviera Maia – o nome homenageia a civilização maia, que vivia no México na época da chegada dos espanhóis, no século 16, e cujo legado arquitetônico pode ser visto ao longo desse trajeto. A primeira parada é em Tulum, a 120 km de Cancún. Erguida por volta do ano 900, segundo historiadores, Tulum foi a principal cidade portuária dos comerciantes maias. Os maias, aliás, tiveram muito bom gosto na hora de escolher o lugar para erguer a cidade, pois suas ruínas, que incluem uma fortaleza, são cercadas de verde e estão pertinho da praia, emolduradas pelas sedutoras águas caribenhas.

Outro *point* da Riviera Maia é Playa del Carmen. Situada há apenas 70 km de Cancún, a antiga vila de pescadores de

Cancún

MAPA

Cancún e a Riviera Maia ficam na Península de Yucatán, região banhada pelo Mar do Caribe, no sul do México.

Tulum (abaixo) e Chichén-Itzá (ao lado) concentram algumas das ruínas maias mais bonitas do México

onde parte o *ferry boat* para ilha de Cozumel – uma das mecas mundiais do mergulho – é hoje uma praia badalada e com brilho próprio, muito procurada por europeus.

O destino mais famoso da Riviera Maia, no entanto, é Chichén-Itzá, uma das maravilhas do mundo moderno, localizada 170 km a oeste de Cancún. É lá que viviam os dirigentes, governantes e líderes religiosos maias. Estima-se que sua construção tenha começado no século 50, mas a grande pirâmide de Kukulcán, o principal símbolo local, provavelmente foi erguida no século 12, menos de um século antes de a cidade entrar em guerra com Uxmal e Mayapan e entrar em decadência.

antiguidades de San Telmo é passeio obrigatório para quem vai a Buenos Aires. Também vale a pena ver um show de tango. Entre as casas mais famosas estão El Viejo Almacén e a Esquina Carlos Gardel

Buenos Aires tem ar cosmopolita, boa comida e uma vida noturna tão interessante quanto as ofertas exibidas por suas vitrines. O passeio local mais típico é bater perna pelas *calles* (ruas) que, como em todo lugar, é de graça. Com a vantagem de que é muito fácil caminhar por lá. A própria geografia da metrópole, reta e com ruas planejadas, favorece. Tudo fica mais ou menos perto, como o calçadão de Puerto Madero e a célebre Casa Rosada, sede do governo argentino.

No centro, destino certo é a Calle Florida, calçadão com muitas lojas de grife, turistas e preços mais altos. Por isso, a dica para encher as sacolas tem outro endereço: a Avenida Santa Fé, onde se faz bons negócios na compra de roupas de inverno, sapatos e jaquetas de couro. Já na Avenida Corrientes, há um sebo depois do outro.

Buenos Aires tem também a livraria mais bacana e chique da América do Sul. É a El Ateneo, localizada em um velho teatro, onde tudo foi preservado, inclusive o palco, que virou um café. Os clientes podem sentar-se para folhear os livros que irão ou não comprar. Sentar para tomar um longo café, aliás, é o passatempo mais autêntico da capital argentina. Em quase toda esquina do centro da cidade há um charmoso café com fachada em madeira e grandes janelões de vidro. Seja qual for a hora do dia, as mesas estão sempre cheias, com gente lendo jornal ou apenas vendo a vida passar. O mais antigo e famoso é o Café Tortoni, aberto desde 1858. Tem estilo sóbrio e elegante, com mesas de bilhar e um espaço para shows de tango.

Em La Boca, região portuária do Rio da Prata, a principal atração é o Caminito, ruelas de casas com fachadas coloridas. Contam que as casas eram pintadas daquela maneira porque os primeiros imigrantes não tinham dinheiro para comprar tinta e usavam as que sobravam dos navios. O resultado é um astral alegre e movimentado. O Caminito tem bares e lojas de artesanato. Nas calçadas, artistas plásticos vendem quadros e grupos de músicos tocam tangos enquanto dançarinos fazem shows no meio da rua. Perto dali, fica o famoso La Bombonera, "estádio-alçapão" do Boca Juniors.

Para deparar-se com a Buenos Aires clássica e européia, vale a pena ir até Recoleta, bairro que cresceu ao redor de

Plaza de la República

MAPA
Buenos Aires é a capital da Argentina, país situado na América do Sul.

Da rua comercial mais famosa da cidade, a Calle Florida (abaixo), até a célebre Casa Rosada (ao lado) é um pulo

um cemitério. A carismática Evita Perón, ex-primeira-dama, foi enterrada lá. Visitar seu túmulo faz parte dos passeios na cidade. A Recoleta também oferece uma noite bem animada, embora boa parte do agito tenha se mudado para os bares de Palermo Soho e Palermo Hollywood.

Outro grande prazer portenho é sair para jantar. Come-se muito bem em Buenos Aires. A *parrilla*, o churrasco argentino, é a protagonista dos cardápios. O calçadão de Puerto Madero é um dos principais *points* dos bons restaurantes. Lá, estão o chique Cabaña Las Lilas e o popular Siga La Vaca, ambos de ótima qualidade.

Bariloche

Dica: ***Fazer um passeio pelos Lagos Andinos é obrigatório para quem visita a região. Mais de 120 lagos marcam a paisagem do local, que vai de Puerto Montt, no Chile, até Bariloche***

Bariloche é a estação de neve mais famosa da América do Sul. Durante o inverno, a cidade vive lotada de argentinos e estrangeiros de todo o continente, sobretudo os brasileiros, que não resistem ao apelo irresistível da neve aliado à fantástica natureza da região, aos pés da Cordilheira dos Andes. Quem faz o passeio de teleférico até o alto do Cerro (Morro, em português) Campanário fica embasbacado diante da sucessão de lagos e montanhas, uma vista que já foi até considerada por revistas especializadas em turismo como uma das mais belas do planeta.

A mais charmosa cidade da Argentina é envolvida em um clima romântico todo especial para uma viagem a dois. Os hotéis e restaurantes capricham no ambiente e na decoração, o que torna a cidade ainda mais aconchegante. Tudo isso já seria motivo suficiente para ir a Bariloche, mas a cidade ainda conta com a maior estação de esqui do continente, o Cerro Catedral. Lá, há pistas tanto para profissionais quanto para iniciantes. Fora isso, instrutores ensinam os fundamentos básicos do esporte e qualquer pessoa, não importa a idade.

Depois da neve, são as vitrines da Rua Bartolomeo Mitre o que mais atrai os turistas em Bariloche. O vaivém das sacolas é intenso e permanente. As melhores oportunidades estão nas lojas que vendem roupas de inverno: jaquetas de couro, blusas de lã, casacos impermeáveis, gorro, luvas... Todo mundo também adora os chocolates feitos artesanalmente nas diversas minifábricas espalhadas pela cidade, como a Mamuschka e a Abuela Goye, onde se pode ver os funcionários produzindo os bombons e as barrinhas que se compram aos quilos. As lojas ainda oferecem degustações e até insistem para que os visitantes provem as guloseimas.

Bariloche gosta de gabar-se pela qualidade de sua cerveja artesanal, com o argumento de que o lúpulo – uma das matérias-primas da bebida – cultivado por lá é comparável ao dos alemães. Pode não ser, mas a cerveja é boa, não há como negar. Para quem gosta, a parada é na Cerveceria Blest, que engarrafa e vende a bebida num pub – eles têm até cerveja de framboesa. Ou então no Famiglia Weiss, outro *point* cervejeiro.

Um passeio que vale muito a pena na cidade argentina é a cinematográfica volta pelo Circuito Chico ou Circuito Pequeno, um percurso de 60 km às margens do Lago Nahuel Huapi, que banha Bariloche e se estende até quase a fronteira com o Chile. O caminho passa por casinhas que parecem de bonecas

Os maiores prazeres de quem vai a Bariloche é esquiar (ao lado) e passear pelo centro (abaixo)

MAPA

Bariloche é uma cidade argentina localizada na Província de Rio Negro, junto à Cordilheira dos Andes, na fronteira com o Chile.

e bosques que lembram histórias de contos de fadas. Há algumas paradas estratégicas em mirantes que deixam claro por que a região é uma das mais belas da América do Sul.

Para aproveitar ainda mais o passeio, vale a pena alugar um carro e pegar a estrada para San Martín de Los Andes. O caminho de 200 km ganhou o nome de Circuito dos Sete Lagos. O cenário é o seguinte: montanhas cobertas de neve, imensos lagos formando espelhos d`água do outro lado e uma estradinha serpenteando na fantástica paisagem. O percurso pode ser feito em um dia, mas o ideal é fazer em ritmo de passeio, com paradas para conhecer as cidadezinhas que surgem no caminho, como a inesquecível Villa La Angostura, a 80 km de Bariloche, que mais parece um vilarejo suíço em plena Argentina.

Patagônia

A Patagônia sempre ocupou um lugar especial na mente daqueles que gostam de grandes viagens. Desde o século 15, quando Fernão de Magalhães ousou navegar pelos confins da América do Sul, descobrindo homens e animais diferentes de tudo que existia no planeta, a região ganhou uma aura de mistério e romantismo. A paisagem exótica e desoladora, somada ao clima rigoroso, sujeito a tempestades e ventos constantes, fez do local uma quase obsessão para os grandes viajantes do passado.

A Patagônia equivale a um terço dos territórios de Argentina e Chile. Vai do Rio Colorado, no limite norte, até o Cabo de Hornos, o último traço de terra do continente, já no extremo sul da Terra do Fogo. Nessa vastidão, as paisagens alternam desertos, bosques, vulcões, lagos, geleiras e as montanhas da Cordilheira dos Andes. Passou a fazer parte dos mapas do turismo a partir da década de 1960, com a abertura de estradas e dos aeroportos em El Calafate e Ushuaia – a cidade mais ao sul do mundo –, na Argentina, e em Punta Arenas, no Chile. Esses são os principais pontos de partida para as melhores atrações da chamada Patagônia Austral.

Em sua parte argentina, há diversos parques, como o Nahuel Huapi, nas redondezas de Bariloche, criado em 1922, que foi o primeiro da América do Sul. Já o Parque Nacional Los Glaciares, próximo a El Calafate – cidade que adora ser chamada de capital dos glaciares –, foi criado em 1981 e abriga o mais famoso glaciar do planeta: o Perito Moreno.

Dica: ***Na parte argentina da Patagônia, o Parque Nacional Terra do Fogo vale a visita, assim como a Cascata da Macarena. Já na parte chilena, a cova do Milodón é um destino inesquecível. Nela, vivia um animal pré-histórico gigante. Hoje, existe uma réplica de resina do "bichinho" no local***

O paredão de gelo tem a altura de um prédio de seis andares. Em mirantes, as pessoas podem observá-lo a cerca de 50 metros de distância de sua base. Do meio da imensidão de água congelada, estalos ocos reverberam até os ouvidos. De repente, um grande bloco de várias toneladas desprende-se do paredão e explode nas águas do lago com o som de um trovão. Nenhum outro glaciar da América do Sul permite que seus visitantes assistam de tão perto, e de ângulos tão favoráveis, a esse impressionante espetáculo da natureza.

Para quem é fã de programas sobre a vida animal, a Península Valdés, também na Argentina, é o destino ideal. Lá, é possível ficar cara a cara com elefantes-marinhos,

Observar as paisagens na porção chilena e fazer trekking no gelo do lado argentino estão entre as atividades prediletas de quem vai à Patagônia

pingüins e lebres selvagens. Dentro da península fica Puerto Pirámide, ponto de partida dos barcos que fazem passeios para as avistagens de baleias-francas. Outro programa imperdível é a navegação pelo Lago Argentino, que para diante dos glaciares Upsala – o maior da Argentina – e Spegazzini.

Já na porção chilena da Patagônia, vale visitar Punta Arenas, a capital da província de Magallanes. Colorida e charmosa, a cidade costuma ter bastante movimento de turistas, muitos deles praticantes de montanhismo e *trekkings* pesados. Outros tantos se satisfazem com os *tours* de contemplação em que, sem muito esforço físico, é possível curtir toda a grandeza que a natureza exibe na região. É o caso do passeio de catamarã pelo Glaciar Grey, com duração de três horas, que pode terminar em uma volta de carro pelo Parque Torres del Paine, em Puerto Natales, cuja área de 250 mil hectares reúne quase 100 km de trilhas.

Santiago

Dica: ***Vá aos bairros Providencia e Bellavista, que mesclam prédios modernos com edificações clássicas. Fora isso, uma boa dica é esticar a viagem até a estação de esqui de Vale Nevado ou aos balneários Viña del Mar e Valparaíso, que ficam nos arredores de Santiago***

Santiago já foi uma cidade apagada e quieta para o turismo, onde os visitantes não iam além de um passeio pelos arredores do Palácio La Moneda – sede da presidência do Chile – e do variado Mercado Central. O consistente crescimento econômico chileno, porém, trouxe prosperidade ao país e ares renovados à sua capital, que hoje recebe com estilo pessoas do mundo inteiro.

O melhor jeito de conhecer a cidade é fazer um *tour* a pé a partir do centro, onde fica o Paseo Ahumada, calçadão que começa na Avenida Libertador Bernardo O'Higgins, uma das mais conhecidas da cidade. Trata-se de uma região com comércio extensivo – seja nas lojas ou nas banquinhas de vendedores ambulantes –, botecos, prédios de escritórios e um tipo de estabelecimento que só existe no Chile: os *cafes con piernas*. São cafeterias (cafeterias mesmo) em que só trabalham mulheres usando trajes mínimos – em algumas casas, há paredes espelhadas e atendentes vestidas apenas com calcinha e sutiã, ficando num plano mais alto atrás do balcão, para exibir ainda mais o corpo.

De volta ao calçadão, a primeira grande atração é o Palácio La Moneda. Tanto no pátio interno, acessado depois que o turista passa por uma revista e onde estão algumas esculturas, como no anexo Centro Cultural La Moneda, há muitas exposições de arte. Alguns quarteirões depois, chega-se à Plaza de Armas, área que inclui a catedral e a prefeitura e que toda cidade colonizada pelos espanhóis tem. Além dessas construções, há outros prédios coloniais no pedaço, como o dos antigos correios, a Casa Colorada (que hoje abriga o Museu de Santiago) e o Palácio de la Real Audiencia, hoje sede do Museu Histórico Nacional.

A partir da praça, o Paseo Ahumada passa a se chamar Puente e segue ao tradicional Mercado Central. Além de admirar sua grandiosa estrutura de ferro, importada da Inglaterra e montada na capital em 1868, vale a pena visitar as bancas que vendem peixes e frutos do mar. *Ok*, barracas que vendem esses produtos existem em mercados de qualquer cidade, mas dificilmente com espécies tão exóticas quanto em Santiago. Entre os frutos do mar inusitados estão o *maltón*, o *chorito*, o *piure*, a *jaiba* e a grande estrela dos mares chilenos, a *cara centolla*, um tipo de caranguejo gigante. Esses

Construções clássicas e modernas

MAPA
Santiago é a capital
do Chile, país que fica
na América do Sul.

Santiago tem a proeza de reunir ares cosmopolitas (abaixo) com lugares clássicos, como a Palácio La Moneda (ao lado)

ingredientes compõem a base do cardápio dos restaurantes do mercado, como a La Joya del Pacifico e o Donde Augusto.

Depois da comilança, nada melhor do que continuar a caminhada para ajudar na digestão. Saindo do mercado, o turista logo chegará ao Parque Florestal, área comprida e estreita que segue paralela ao Rio Mapocho, cheio apenas depois das chuvas de inverno e do degelo da cordilheira, que ocorre em setembro. Enquanto se passeia à sombra de plátanos orientais, é possível ver construções clássicas, como o Palácio de Belas Artes, lindo prédio no qual se destaca a cúpula de vidro, trazida da Bélgica em 1907. É lá que estão o Museu Nacional de Belas Artes e o Museu de Arte Contemporânea. Mais um pouco de caminhada (não muito curta) e se alcança o Cerro San Cristobal que, além de abrigar um zoológico e um centro de lazer, tem mirantes com os melhores ângulos da cidade.

Atacama

O Deserto do Atacama, no Chile, é um desses lugares difíceis de descrever com vagos adjetivos. Embora tecnicamente não passe de uma imensidão árida, que nada produz além de frio, calor e pó, é um destino fantástico. Para entender a força dessa aparente contradição, é preciso levar em conta que, ao contrário do que se supõe da idéia de deserto, o Atacama nada tem de monótono. A paisagem é incrivelmente variada. Dunas, lagoas, vulcões, salares e gêiseres compõem cenários surreais numa geografia de recortes estranhos.

A sensação é a de pisar em outro planeta. Numa planície reta como mesa de bilhar, elevam-se, solitários, monumentos de pedra de dezenas ou centenas de metros de altura. Piscinas de água fervente expelem colunas de vapor no ar gélido da manhã. Fontes de águas termais brotam do interior de um cânion. Vulcões ativos no horizonte soltam fumarolas e desafiam os *trekkers* mais corajosos.

O deserto fica ao norte do Chile, a cerca de 1,6 mil km de Santiago, na fronteira com a Bolívia. Estende-se numa espécie de prolongamento entre duas cordilheiras, a dos Andes e a do Sal. É tido como o deserto mais seco do mundo, mais até do que o Saara. Em certos lugares da região, não cai uma gota de chuva há décadas. Existe pouca vida, poucas plantas, poucos insetos. Mas, aqui e ali, surgem oásis ao longo de pequenos rios formados pelo degelo de neve das montanhas. É essa água que garante a permanência de moradores de 17 povoados instalados em plena secura, vivendo da agricultura de subsistência e da criação de cabras e lhamas.

Dica: ***Um dos passeios mais procurados no Atacama leva à Laguna Cejar. Chega a ser difícil de acreditar que exista lagoa no deserto, ainda mais com água verde-esmeralda que não deixa ninguém afundar por causa da quantidade absurda de sal que a torna tão densa quanto à do Mar Morto***

Para chegar ao Atacama, o desembarque é feito no Aeroporto de Calama, a 105 km da vila de San Pedro de Atacama. Só o caminho até lá, passando pelo Vale da Morte e por cenários que parecem saídos de filme de ficção científica, já é uma atração à parte. Devagar, consegue se chegar a San Pedro de Atacama. O vilarejo é minúsculo. Surgiu na década de 1960, quando servia de ponto de parada das comitivas de gado que vinham da Argentina para o norte do Chile.

Quem vai ao Atacama fica por lá. E adora. Justamente por não ser uma cidade como outra qualquer. Os turistas dominam o local, embora os cachorros que vagabundeiam pelas ruas

Monumento de pedra

O Atacama é diferente de qualquer outro deserto, tanto que tem gêiseres (abaixo) e lagoas (ao lado)

sejam quase em mesmo número. Tanto que a cidade ganhou até o apelido de San "Perro" (cachorro, em espanhol). Apesar da aparente rusticidade, San Pedro oferece uma boa estrutura para receber os visitantes. A rua principal, a Calle Caracoles, é repleta de restaurantes e lojas.

De lá, todo mundo faz um passeio até o Vale da Lua, que fica bem perto da cidade. O passeio inclui quatro pontos de parada. No primeiro deles, o guia pede silêncio para que se possa ouvir estalos fantasmagóricos, espécie de "crec-crec", provenientes do interior das paredes rochosas de sal. O fenômeno é provocado pela dilatação das rochas (com sal e gesso na sua composição) ao longo do dia. Na segunda parada, pode-se subir ao topo de uma grande duna e fazer, lá de cima, algumas das melhores fotos da viagem. O trajeto segue até uma curiosa formação de pedras chamada Três Marias e termina no alto de um mirante ao pôr-do-sol.

MAPA

O Deserto do Atacama fica no norte do Chile, perto da fronteira com a Bolívia e o Peru, a 1,6 mil km de Santiago.

Machu Picchu

Dica: ***Cuzco, cidade que serve de base para quem vai a Machu Picchu, reúne bons hotéis e uma série de edificações históricas do tempo em que a região foi dominada pelos espanhóis. Duro é agüentar a altitude, já que a cidade está a 3,4 mil metros acima do nível do mar***

A vegetação densa e a bruma da cordilheira escondiam Machu Picchu quando o aventureiro norte-americano Hiram Bingham lá chegou, em 1911. O que apenas poucos índios quéchuas sabiam seria então revelado ao mundo. Existia, de fato, a sonhada cidade perdida dos incas.

A lenda era real. O mato foi cortado. Construíram uma linha de trem até lá. Os turistas começaram a chegar. Mas a imperecível obra-prima do Peru milenar permaneceu cercada por uma floresta de interrogações. Qual o nome original da cidade? Quem a construiu e quando? Por que foi abandonada? Que rituais estranhos deviam ser celebrados ali?

Os enigmas de Machu Picchu são mais inquietantes do que os de outras ruínas da Antiguidade. As respostas apenas caminham no ramo da especulação. Pelo simples motivo de que os incas não possuíam escrita ou qualquer sinal que pudesse iluminar tantos mistérios. Para os cientistas, trata-se do mais importante sítio arqueológico da América do Sul. Para os místicos, um dos principais pontos energéticos da Terra.

Construída num estreito planalto de cerca de 2,4 mil metros de altitude, dominado pelo pico Huayna-Picchu, a cidade perdida dos incas costuma ser o principal motivo de uma viagem ao Peru. E quase todo mundo chega a ela por meio de um trem que parte de Cuzco, pois percorrer a velha trilha inca a pé está cada vez mais difícil. Tudo bem que o trem chacoalha durante quatro horas a uma velocidade de modorrentos 25 km/h, mas o caminho atravessa o Vale Sagrado, serpenteando o cânion, em meio a paisagens fantásticas.

Muitos vão a Machu Picchu e voltam no mesmo dia. Gastam oito horas na viagem de trem para passar apenas três ou quatro horas por lá. Muito pouco tempo para quem viaja tanto. O ideal é pernoitar em Águas Calientes, ponto final do trem e ponto de partida dos ônibus que sobem a montanha até a entrada das ruínas. Ao se hospedar no vilarejo, dá para ficar na cidade perdida até o final de tarde, quando os trens já partiram levando embora a multidão, e ainda voltar no dia seguinte para ver o nascer do sol. Para muitos, o mais lindo do planeta. Pode até ser, afinal, o sol era o Deus dos incas.

Uma vez em Machu Picchu, é impossível ficar indiferente à maneira como os incas conseguiram construir uma cidade

Machu Picchu

MAPA

Machu Picchu fica no Peru, a cerca de 150 km da cidade de Cuzco.

A cidade perdida dos incas (abaixo) é deliciosamente intrigante; ao lado, a Praça das Armas em Cuzco

de pedras milimetricamente encaixadas no topo de uma montanha vertiginosa, em meio a uma geografia tão escarpada. Machu Picchu quer dizer, em idioma quéchua, Velho Pico. Mas ninguém sabe o nome original. Ao que consta, os espanhóis nunca a descobriram e, por esse motivo, a cidade foi mantida intacta. Também não se sabe por que os incas a abandonaram.

Acredita-se que Machu Picchu possa ter sido uma combinação de centro religioso com observatório astronômico, onde os amautas, velhos sábios e cientistas astrônomos, estudavam os sinais dos céus para orquestrar a época de semeaduras e colheitas. Ou então um jardim da nobreza inca onde viviam somente sacerdotes, membros da elite e as virgens do sol. A verdade? Ninguém sabe.

África

Gizé e Luxor

Dica: ***Para completar a visita às obras literalmente faraônicas do Egito, estique a viagem até o Templo de Abu Simbel, construído em 1300 a.C. por ordem de Ramsés II para homenagear a si mesmo e identificá-lo como um deus na Terra***

As primeiras imagens que vêm à cabeça ao se falar em Egito são o deserto do Saara e as três imensas pirâmides: Quéops, Quéfren e Miquerinos. Construídas por volta de 2500 a.C. para conservar o corpo e os pertences dos faraós, trata-se das maiores entre as cerca de cem pirâmides existentes no país. E o mais curioso de tudo é que o complexo de Gizé, onde elas estão situadas, não fica em meio ao maior deserto do mundo, como muitos pensam. Quéops, Quéfren e Miquerinos estão tão próximas às avenidas, aos hotéis e ao comércio da cidade do Cairo que dá até para se hospedar em quartos com vista para as construções, únicas maravilhas antigas que ainda estão de pé.

A pirâmide mais alta de Gizé, Quéops, espanta com seus atuais 137 metros de altura (chegou a ter 146 metros, mas afundou na areia com o passar dos anos), tamanho proporcional ao poder do faraó de mesmo nome. Demorou 20 anos para ser construída e não foi feita por escravos, mas sim por homens livres que carregaram os 2,3 milhões de blocos usados na edificação – cada um com peso médio de 2,5 toneladas (os maiores chegavam a 80 toneladas) – pelo prazer de servir a Quéops. No interior da pirâmide, estão a Câmara Mortuária do Rei, onde o faraó foi sepultado com seus tesouros; e a Grande Galeria, imenso salão com quase 50 metros de largura, onde só é possível chegar se arrastando por um túnel de um metro e meio de altura.

Gizé também abriga a Esfinge, figura com corpo de leão e rosto de homem (provavelmente de Quéfren, filho de Quéops) construída em um único bloco de pedra. A escultura, tida como guarda das pirâmides, tem 18 metros de altura e quase 60 metros de comprimento.

Apesar do grande valor histórico, o complexo de Gizé não é o único passeio imperdível do Egito. Por meio de um cruzeiro no Rio Nilo, que margeia templos e plantações, chega-se a Luxor (antiga Tebas), cidade que vale a pena ser visitada por abrigar os templos de Luxor e Karnak.

Construído durante 13 séculos, Karnak tem área equivalente às 13 maiores catedrais européias somadas. As 134 colunas de 23 metros de altura e o obelisco Hatshepsut são os itens surpreendentes do templo. Feito de granito rosa em uma única peça, o obelisco é um tanto quanto misterioso. Ninguém sabe

Pirâmides de Gizé

A estátua de Ramsés II (abaixo) guarda o tempo de Karnak, em Luxor, assim como a Esfinge (ao lado) "cuida" das pirâmides em Gizé

ao certo como ele foi trazido de Assuã (a 120 km ao sul de Luxor) com suas incríveis 340 toneladas.

No período da civilização egípcia, uma longa avenida com centenas de esfinges unia Karnak ao Templo de Luxor formando um complexo religioso. Resta uma parte desse caminho, hoje margeado por 70 estátuas de animais com cabeça humana. O Templo de Luxor, construído em grande parte por Amenhotep III, era ornado por dois obeliscos. Um ainda fica em frente ao seu portão. O outro foi doado à França e está na Praça de La Concorde.

MAPA

O complexo de Gizé e a cidade de Luxor ficam no Egito, situado no nordeste da África.

Marrakesh

Há quem reconheça o Marrocos como o cenário realmente perfeito para as tramas de filmes como *Lawrence da Arábia, Indiana Jones* e *Casablanca*. Ou como a fonte de inspiração ideal para artistas como Delacroix e Matisse, que viveram na região, sorveram suas cores ocres e o retrataram em várias nuances. Mas o país das especiarias, da tapeçaria e até da tintura tem atrativos para encantar não apenas cineastas e escritores, mas todos que desejam mergulhar no exotismo do mundo árabe, com mesquitas e medinas, mercados a céu aberto e as dunas avermelhadas do maior deserto do mundo, o Saara. E o melhor lugar para conferir tudo isso de perto é a lendária Marrakesh.

Fundada em 1070, é uma das quatro cidades imperiais marroquinas, ao lado de Fez, Casablanca e Rabat. Marrakesh significa, em árabe, terra do sol poente – uma homenagem prestada ao famoso pôr-do-sol alaranjado do Saara que, ao lado das túnicas usadas pelas mulheres, dos vários tapetes expostos nos mercados, da pimenta de caiena e da páprica, tinge a cidade com um tom único.

Marrakesh abriga uma medina considerada como Patrimônio Histórico da Humanidade pela Unesco. É nela que fica Koutobia, mesquita construída em 1199 depois de a original, de 1147, ter sido demolida por não estar corretamente posicionada em relação a Meca. O interior da fortificação abriga grande parte do comércio local, distribuído por um caminho labiríntico de ruas. Nos mercados, ou *souks*, encontra-se de tudo: tapeçarias, jóias, temperos, frutas e flores, discos, rádios...

Dica: ***Uma viagem ao Marrocos deve incluir Casablanca, cidade que tem como atrativo a mesquita Hassan II, aberta inclusive para visita de não-muçulmanos. Trata-se da terceira maior mesquita do mundo, atrás apenas de Meca e de Medina***

O minarete de Koutobia pode ser visto da Praça Djamaa El-Fna, um grande pátio lotado de acrobatas, encantadores de serpentes, curandeiros e engolidores de fogo. Isso sem falar nas dezenas de mulheres que fazem tatuagens de *henna*, além de diversas barracas de comida que servem desde suco de laranja e frutas secas até sopa de miolos.

Como é de se esperar de uma cidade imperial, Marrakesh tem palácios, jardins e ruínas que lembram um típico cenário do desenho *Aladdin*. Para se ter uma idéia da grandiosidade da arquitetura muçulmana, é preciso visitar o Palácio da Bahia, construído entre 1898 e 1901, bem como o Palácio Dar Si Said, onde funciona o Museu de Artes Marroquinas.

Palácio El-Badi

MAPA

Marrakesh é uma das quatro cidades imperiais do Marrocos, na África.

O minarete da mesquita Koutobia (abaixo) pode ser visto de diversos pontos da cidade; ao lado, a região de Ait Benhaddou

Adicione à lista o Palácio El-Badi, erguido no século 16. Feito a mando de Ahmed el-Mansour, já foi considerado um dos mais bonitos do mundo. Apesar de hoje não ser mais possível ver o luxo de antigamente, apenas pela imensa área no interior das muralhas já é possível imaginar a magnitude da construção.

Três horas para lá de Marrakesh, de carro, está a cidade fortificada de Ait Benhaddou. Vale a pena fazer um passeio até o local para curtir a paisagem exótica e incomum da região, que é formada por edifícios construídos com tijolos de terra secos ao sol e, no caso das moradias dos mais ricos, com pedras enfeitadas com motivos geométricos.

Cidade do Cabo

A Cidade do Cabo, ou *Cape Town*, é a maior surpresa de quem vai à África do Sul sonhando encontrar um país selvagem e exótico. Com hotéis de luxo, carrões BMW pelas ruas e boa vida noturna, o lugar não combina muito com o chavão de terra habitada por leões e tribos zulus. Aliás, a cidade está mais para européia do que africana. Até no clima temperado, que possibilita às vinícolas que existem em seu entorno produzirem vinhos deliciosos.

Poucos destinos do planeta têm mérito igual para se autonomear "esquina do mundo" como a Cidade do Cabo. Fundada por holandeses em 1652 – a primeira cidade do país – e depois tomada de assalto pelos ingleses, que não arredaram o pé dali por 150 anos, serviu durante séculos como zona portuária e ponto de passagem no comércio marítimo com a Ásia. O resultado é que tudo por ali acabou um pouco misturado, o que resultou em uma mescla de várias cores e culturas, com negros, descendentes europeus, árabes e indianos.

Na arquitetura, o moderno divide o espaço com casas em estilo vitoriano, igrejas neogóticas e mesquitas. O bairro mais curioso é o malaio, com ruas estreitas e casinhas geminadas coloridas, onde mulheres de turbante param nas varandas para conversar ou jogar milho para os pombos. Mas apesar de curioso, não foi o lado urbano que fez a Cidade do Cabo virar o maior fenômeno turístico da África do Sul. Há também as paisagens e belas praias, embora a água gelada as torne impraticáveis para o banho de mar. Mesmo assim, muitas estrangeiras adoram fazer *topless* nas areias de Camps Bay.

A cidade fica aos pés da famosa Table Mountain, a Montanha da Mesa, cartão-postal tão divulgado pelas operadoras de turismo quanto as manadas de elefantes. Nem é o pico mais alto da África do Sul, com meros 1.086 m, mas tem um magnetismo impressionante na paisagem graças aos seus 3 km de comprimento. Poucos deixam de pegar o bondinho em um dia de sol para ver a cidade lá de cima dos mirantes.

A principal atração da cidade, porém, é o Victoria & Alfred Waterfront, antigo porto que foi restaurado para se tornar um charmoso centro gastronômico e de compras. Ao som de gaivotas, os turistas passeiam entre lojas de grife, um belo

Dica: ***Um bom roteiro de viagem para a África do Sul é combinar a Cidade do Cabo com os safáris. É no Kruger Park, no nordeste do país, que está o melhor lugar para ver de perto os animais da savana sul-africana, tal como um documentário do Discovery Channel, com a diferença de que você faz parte do filme***

Victoria & Alfred Waterfront

Quem pega o bondinho (abaixo) na Table Mountain é premiado com uma paisagem fascinante (ao lado)

aquário, bares e restaurantes sofisticados. Fora isso, podem fazer passeios de barco para ver baleias jubarte ou ir à Robben Island, a ilha-presídio na qual Nelson Mandela ficou preso.

Outro roteiro inesquecível é seguir de carro até a Reserva Natural do Cabo da Boa Esperança, a uma hora e meia de carro seguindo pela Chapman´s Peak Drive, uma autopista cênica que beira os costões, rente ao mar. A península rochosa alcançada pelo navegador português Bartolomeu Dias, em 1488, na primeira viagem às Índias que dava a volta no continente africano, fica ao lado da Praia de Boulders Beach, onde há uma colônia de pingüins. Uma passarela de madeira foi construída sobre a areia a uma distância que dá para fotografar os bichinhos de perto. Segundo os guias, os pingüins chegaram ali em 1980, não se sabe bem o porquê, e nunca mais foram embora.

Pequim

Ásia e Oceania

Dubai

Dica: ***Contemple o pôr-do-sol na Dubai Desert Conservation Reserve, área de preservação do deserto. Lá, os visitantes são levados para um acampamento no meio do nada, onde podem passear de camelo ou fazer tatuagens de hena enquanto aguardam a noite ocupar o lugar do dia***

Era uma vez, nos idos de 1950, em uma das muitas áreas desérticas do Golfo Pérsico, uma aldeia com cerca de 20 mil moradores, sem energia elétrica e estrategicamente localizada em torno de um rio de 10 km de extensão, que ajudava o vilarejo a sobreviver do comércio. Até que, em 1966, foi descoberto ali um campo de petróleo, cuja exploração começou três anos depois e elevou a população rapidamente para cerca de 120 mil habitantes. Foi o primeiro impulso para que, em pouco mais de 30 anos, esse lugar distante – e onde os moradores sobreviviam a duras penas por causa dos rigores do deserto – se transformasse em uma das cidades mais cheias de superlativos do planeta, a "ilha da fantasia" do Oriente: Dubai, um dos sete emirados dos Emirados Árabes Unidos.

É lá que fica o Burj Al Arab, o hotel em formato de uma grande vela de barco que se proclama o único sete-estrelas do mundo. Assim como o Burj Dubai, prédio que ultrapassa os 800 metros de altura, e o conjunto de ilhas artificiais The World, com o formato do mapa-múndi. Dubai abriga também o misto de condomínio residencial, vila de praia, complexo hoteleiro de luxo e centro de entretenimento The Palm, construído em três grandes ilhas artificiais em formato de palmeira.

Apesar de toda essa modernidade, é possível passear por lá e sentir-se em uma verdadeira cidade árabe. Basta uma volta para ver o comércio efusivo, as mesquitas, os *souks* – tradicionais mercados em que a pechincha rola solta e homens e mulheres trajando as típicas roupas árabes, chamadas *candhura* (túnica branca usada pelos homens) e *abaya* (roupa preta usada por muitas muçulmanas).

Esse lado tradicional pode ser conferido às margens do Creek, o rio que impulsionava o comércio e a sobrevivência da antiga Dubai. É nos seus arredores que ficam os poucos bairros em que os pedestres têm vez – a cidade, definitivamente, não foi pensada para quem anda a pé – e onde se consegue abordar os moradores, quase nenhum deles nascido por lá. O Creek também abriga um belo porto que recebe cruzeiros luxuosos vindos de diversas partes do mundo. Fora isso, o rio divide a cidade em duas partes: Deira, que concentra os arranha-céus locais e toda a estrutura moderna; e Bur Dubai, o lado mais antigo.

O sete-estrelas Burj Al Arab (abaixo) e o condomínio The Palm (ao lado) mostram toda a exuberância arquitetônica de Dubai

Em Bur Dubai, há uma bela mesquita erguida e usada pelos imigrantes iranianos, cuja fachada é adornada com coloridos azulejos trabalhados, além do Museu de Dubai. O lugar, que ocupa o Forte Al Faheidi (1787) – já usado como residência dos governantes locais –, mostra como eram os antigos *souks*, as escolas islâmicas e até representa um oásis.

Para quem gosta de cozinhar, o Spice Souk, o mercado das especiarias, é passeio obrigatório. As muitas lojinhas ali encontradas são um prato cheio de cores e aromas, com destaque para o autêntico açafrão. Perto dali está outro famoso mercado de Dubai, o do ouro, com vitrines quase douradas por mostrar tantas jóias elaboradas com o metal.

MAPA

Dubai é um dos sete emirados dos Emirados Árabes Unidos, país localizado na Ásia.

Petra

Dica: Uma vez na Jordânia, hospede-se alguns dias em Amã, uma das cidades mais belas e modernas do Oriente. Aproveite também para conhecer o Mar Morto, o Vale do Jordão e o Deserto de Wadi Rum

Uma viagem à Jordânia, país que abriga a cidade sagrada de Petra, eleita em 2007 uma das sete maravilhas do mundo moderno, pode ser uma experiência surpreendente e reveladora, justamente por desfazer a relação simplista que normalmente se cria entre o mundo árabe, guerras, turbulências políticas e extremismo antiocidental. Localizada a 260 km da capital Amã, Petra, como o próprio nome sugere, é inteiramente talhada na pedra. Os construtores, os nabateus, fizeram uso inteligente das enormes formações rochosas, a marca da geografia local. Estima-se que a construção durou quatro séculos, se estendendo até os primeiros anos da era cristã. No ano 106, foi anexada pelo Império Romano e, a partir do século 7º, passou ao domínio árabe.

O mais curioso é que a região ficou abandonada por cerca de 800 anos, até que o explorador suíço Jacob Burckhardt, disfarçado de estudioso muçulmano, tornou-se o primeiro ocidental a conhecê-la e divulgá-la na Europa. Por isso, pouco se sabe sobre o povo nabateu e seus costumes. Pesquisas arqueológicas sugerem que Petra não era uma cidade, mas sim um local religioso, cuja maioria das construções servia como tumbas e templos. Embora estivesse próxima à rota de grandes caravanas, é pouco provável que tenha servido como local de passagem, já que os desfiladeiros da região dificultam o acesso de grandes grupos de camelos.

A visita a Petra deve se estender por mais de um dia por causa das proporções gigantescas do sítio arqueológico. Passado o portão de entrada, os visitantes descem por um desfiladeiro estreito, entre dois paredões rochosos, chamado Siq. A expectativa vai crescendo a cada passo, até que, repentinamente, se dá de cara com uma construção enorme, chamada Tesouro, a grande marca do lugar. Depois desse ponto, as ruínas se espalham por montanhas espaçadas. Às construções talhadas na pedra somam-se outras erguidas no estilo romano, com muitos vestígios de colunas e muros. A amplitude do lugar é impressionante. Com um pouco mais de esforço, subindo cerca de 800 degraus por um desfiladeiro, chega-se ao Monastério, cuja grandiosidade se compara à do Tesouro. Provavelmente, ambos serviam como templos.

Uma visita completa, considerando ida e volta a partir do portão de entrada até o Monastério, demanda uma caminhada

Para chegar às ruínas de Petra (ao lado), todo mundo atravessa um desfiladeiro estreito (abaixo) chamado Siq

de cerca de dez quilômetros. Sorte que, em Petra, é possível comprar água e outras bebidas, além de fazer uma refeição.

Próxima ao sítio arqueológico fica a cidade de Wadi Musa, com boa infra-estrutura turística. Quem se hospeda por lá costuma visitar Petra de noite, quando o caminho que leva ao Tesouro fica iluminado à luz de velas, criando um clima ainda maior de mistério e contemplação.

Jerusalém

Fundada há mais de três mil anos, Jerusalém é sagrada para as três maiores religiões monoteístas do mundo: o catolicismo, o judaísmo e o islamismo. Se, por um lado, isso confere à cidade uma grande carga de espiritualidade e misticismo, por outro pode explicar, pelo menos em parte, a origem dos conflitos em nome de Deus entre israelenses e palestinos que marcam a história da região.

De qualquer forma, a aparente falta de segurança não impede que Jerusalém viva sempre lotada de peregrinos. Percorrer a pé os muitos lugares sagrados é fácil. Eles estão concentrados na chamada Cidade Antiga, cercada por muros erguidos no século 16. A cidadela é dividida em quatro pequenos bairros – judeu, cristão, muçulmano e armênio – e a entrada é feita por sete grandiosos portões, como o de Damasco e o de Jaffa.

O passeio pode ser iniciado pela Via Crucis, a mesma da *Bíblia*, que marca o caminho percorrido por Jesus Cristo durante sua crucificação. A rota fica ainda mais interessante por começar em território muçulmano, terminar no cristão e cruzar um enorme mercado árabe. Todas as sextas-feiras, uma procissão liderada por freis franciscanos segue em oração pelas 14 estações que simbolizam as principais passagens do caminho que Jesus teria percorrido carregando a cruz. A jornada termina na igreja do Santo Sepulcro, que foi levantada no local onde Cristo teria sido crucificado e sepultado.

Dica: ***Fora das paredes que abrigam a Cidade Antiga está o Monte das Oliveiras, onde Jesus teria rezado antes de ser preso. É o melhor ponto para observar Jerusalém. Já na cidade moderna, os museus do Holocausto (Yad Vashem) e de Israel, além do Parlamento, são boas opções de passeio***

Outro ponto muito visitado é o Muro das Lamentações. O local é sagrado para o judaísmo porque é a única ruína do templo que guardava a Arca da Aliança e foi destruído pelos romanos no ano 70. Lá, os judeus rezam como se estivessem sofrendo. Homens de um lado, mulheres de outro. Para os judeus, Deus ainda protege o que resta de seu antigo templo e atende aos pedidos escritos nos papéis colocados nos vãos do muro. O curioso é que turistas das mais diversas religiões participam do ritual diariamente.

As mesquitas também são locais muito procurados em Jerusalém, mas nem sempre os visitantes, principalmente mulheres sozinhas, são bem recebidos nos templos. Nesse caso, um guia local pode ajudar na comunicação com os muçulmanos, abrindo caminho para o passeio. Vale a pena

Domo da Rocha

MAPA
Jerusalém fica em Israel, 60 km ao leste de Tel Aviv, capital do país.

O Muro das Lamentações (abaixo) fica próximo ao Domo da Rocha (ao lado) e a outras atrações religiosas de Jerusalém

o esforço independentemente da crença, pois uma mesquita é mais bonita que a outra.

A de Al Aqsa, por exemplo, é a maior da cidade e já foi usada como igreja católica pelos cruzados. Há também a mesquita do Domo da Rocha, com sua brilhante cúpula folheada a ouro que pode ser vista de vários pontos da cidade. Trata-se de um dos maiores cartões-postais de Jerusalém. Os muçulmanos acreditam que, da pedra que fica dentro do templo, o profeta Maomé subiu aos céus. Para os judeus, foi lá que Abraão sacrificou um cordeiro no lugar do filho Isaac.

Pequim

Dica: ***Conhecer a Grande Muralha é um passeio obrigatório para quem vai à China. O trecho mais visitado é Badaling, distante 70 km de Pequim. A construção começou em 221 a.C. para defender o país das invasões mongóis. É a maior obra já feita pelo homem, com 7,3 mil km de extensão***

Pequim vive em estado esquizofrênico. A capital da China transita entre a tradição imperial e a modernidade. Se o turista perde-se por lá, peregrina por templos milenares, transpira nos altos e baixos da Grande Muralha, cruza ruas e avenidas acomodado em riquixás e é seduzido pelos evidentes sinais do progresso.

Beijing, como a cidade é chamada segundo os românticos vocábulos chineses, é no mínimo estranha para os padrões ocidentais. Tem vendinhas de sorvetes de feijão verde, casas de massagem em cada esquina e bancos abertos em pleno domingo. A erupção econômica, fruto da abertura capitalista iniciada por Deng Xiaoping na década de 1980, deixa marcas como poluição e trânsito. Tudo isso choca a capital chinesa que, até os anos 1980, via apenas um mar de bicicletas em suas ruas. Naquela época, os poucos carros eram sedans soviéticos, pilotados por autoridades.

Quem quiser fugir do trânsito pode experimentar um passeio de riquixá, bicicleta que tem acoplada uma carruagem para dois passageiros. Apontado como trabalho humilhante, o transporte de tração humana foi banido logo que a governo comunista instalou-se no poder, em 1949. Voltou com a implantação da indústria do turismo. E é indispensável para quem não quer se perder pelos sinuosos *hutongs*, bairros de casas centenárias reunidas em torno de pátios, que abrigam remanescentes das famílias nobres e imperiais.

Fora isso, Pequim oferece um mundo de ofertas de consumo pela frente. Na Wangfujing Dajie, principal rua de compras, barracas de quinquilharias vendem de tudo, como espetinhos de escorpião, cigarra, estrela-do-mar, cavalo-marinho, grilo, libélula e centopéia. Estranho? E o que falar então das superstições do povo? Em muitos prédios, não há os andares 4, 14 e 24, porque o ideograma do 4 lembra o da morte.

O melhor negócio é fazer vistas grossas e curtir os pontos turísticos, como a Cidade Proibida, maior complexo de palácios do país. Os 720 mil m^2 da área, cercada por muros de 10 metros de altura, com cerca de 90 pátios e 8,7 mil cômodos, impressionam qualquer um. Não era por acaso que os antigos imperadores acreditavam viver no centro do universo. Entre 1420 e 1911, funcionou como residência das dinastias Ming e Qing e sua corte de eunucos, esposas e concubinas.

Cidade Proibida

O retrato da imponência da China pode ser visto nos monumentos, como a Grande Muralha (abaixo) e a Cidade Proibida (ao lado)

Da entrada da Cidade Proibida, o olhar de Mao Tsé-tung espia a Praça da Paz Celestial, palco do massacre dos estudantes em 1989, e onde descansa embalsamado o Grande Timoneiro, como Mao é chamado. É uma praça freqüentada por mochileiros, policiais treinados para dar 108 passos por minuto e uma multidão ansiosa por posar para uma foto. O gigantesco retrato de Mao (equivalente a três andares) é o ícone mais fotografado do país. Fala-se que todo mês de setembro, na calada da noite, a imagem é retirada para reparos e substituída por outra, idêntica.

Pertinho dali está o Beihai, parque público mais bonito da China. Antigo jardim privado dos imperadores, o espaço reúne templos budistas à beira do lago e caminhos pontuados por salgueiros.

MAPA

Pequim é a capital da China, país situado na parte oriental do continente asiático.

世界人民大团结万岁

Agra e Rajastão

Dica: ***A região central da Índia reúne destinos inesquecíveis, como Maharashtra, onde se localizam as cavernas sagradas de Ellora e Ajanta, inteiramente escavadas e esculpidas nas montanhas entre os anos 200 a.C. e 650 d.C. Outra cidade interessante é Mumbai, antiga Bombaim, onde há bons hotéis e feiras de rua típicas da Índia***

A Índia não é apenas outro país. É outro mundo do ponto de vista ocidental. A região norte do território, onde ficam o Estado do Rajastão e a cidade de Agra, sede do Taj Mahal, é o melhor lugar para conferir isso de perto. Vale a pena começar a viagem em Pushkar, no Rajastão. Com um belo lago ladeado por enormes degraus (os *ghats*) e rodeado por construções pintadas de branco, o local lembra Varanasi, cidade construída há cerca de 2,5 mil anos à beira do Rio Ganges, onde os indianos se banham e realizam rituais de purificação da alma. Com cerca de 400 templos, Pushkar é o único local do mundo onde existe um templo dedicado a Brahma, o deus da criação. Segundo a mitologia hindu, a cidade é o primeiro lugar que o deus hinduísta criou na Terra.

Outro lugar imperdível é Udaipur, também no Rajastão, à beira do Lago Pichola. Fundada em 1559 com palácios de antigos marajás, hoje transformados em hotéis no centro do lago, a região tem como pontos altos o Palácio da Cidade, que fica no alto de um morro, e o Templo de Vishnu.

Também no Rajastão está a bela Jaipur, conhecida como cidade cor-de-rosa por ter tido várias construções pintadas nessa cor quando o príncipe Albert, marido da rainha Vitória da Inglaterra, visitou a Índia em 1883. Hoje, a cor está bastante esmaecida e pode ser apreciada em apenas alguns pontos, como no famoso Palácio dos Ventos (Hawa Mahal).

Com 953 janelinhas na fachada, lembrando uma colméia, o Hawa Mahal foi construído originalmente para que as mulheres da corte real assistissem à vida cotidiana sem serem vistas pelo lado de fora. Erguido em 1799 no coração de Jaipur, tem o exterior como melhor vista. Os cinco andares internos, porém, merecem ser visitados pela coleção de armas do século 15 lá exposta, como espadas adornadas por jóias e marfim, adagas e armaduras. O passeio deve continuar pelo Palácio da Cidade, pelo Observatório Solar e pelo Forte Âmbar, que pode ser alcançado a bordo de elefantes.

Próximo a Délhi, capital da Índia, fica Amritsar, reduto dos seguidores do *sikhismo*. É lá que está o belíssimo Templo Dourado que, para os sikhs, equivale à Catedral de São Pedro dos católicos. Milhares de pessoas visitam o templo que, recoberto de cobre em 1802, tem a fachada dourada.

Taj Mahal

MAPA

Os Estados do Rajastão e de Uttar Pradesh – onde fica Agra – estão situados ao norte da Índia.

A Índia é a terra dos templos maravilhosos, como o Dourado (ao lado), em Amritsar, e o dos Ventos (abaixo), em Jaipur

Mais famoso que o Templo Dourado só mesmo o Taj Mahal, localizado em Agra, a leste do Rajastão. Cercado por grama e canteiros de flores, com um chafariz central e passarelas que possibilitam uma vista sensacional dessa maravilha toda feita em mármore branco, o mausoléu foi erguido em 1631 pelo imperador Shah Jahan em memória da esposa favorita, chamada por ele de Mumtaz Mahal, que morreu ao dar à luz ao 14º filho. O Taj, como é chamado esse Patrimônio da Humanidade, levou 17 anos para ser construído por cerca de 20 mil homens ajudados por mil elefantes, que transportavam artesãos e materiais trazidos de outras partes da Índia e de outros países da Ásia.

Vale Katmandu

Dica: ***O Nepal é a meca dos alpinistas que sonham com a conquista do imenso Everest, monte que desponta com seus imponentes 8.848 m de altitude na fronteira entre a China e o Tibet. Aliás, é bom que se esclareça: ele não é visível de Katmandu***

A chegada ao Nepal é única. A visão da imponente Cordilheira do Himalaia, que abriga o pico mais alto do planeta, o Everest, é estarrecedora, assim como a primeira impressão de Katmandu, a capital do país, que vive em meio a uma profusão de cores fortes e revela uma atmosfera mística, mágica, poderosa. Impossível não se impressionar pela extrema espiritualidade que está no ar, nos belíssimos templos hindus e budistas ou ainda nos mitos e lendas que compõem a cultura local.

O Nepal é a terra natal de Siddhartha Gautama, o Buda, que teria nascido em Lumbini, na fronteira com a Índia, em 563 a.C. Por isso, uma visita à região inclui, necessariamente, um roteiro espiritual e intimista pelos templos das três principais cidades do país, Katmandu, Patan e Bakhtapur, todas localizadas no Vale Katmandu, encravado no Himalaia e considerado Patrimônio da Humanidade pela Unesco.

Em Katmandu, a mais cosmopolita das cidades nepalesas, é possível se preparar para um *trekking* inesquecível pelas montanhas nevadas, comer em ótimos restaurantes no bairro de Thamel ou mesmo "se perder" no centro histórico, chamado Durban Square. É nessa região que fica o Palácio Real e os principais templos da cidade, como o Kumari Bahal (Casa da Deusa Viva) e o Kasthamandap (Casa de Madeira), este último do século 12. Quase todos eles foram construídos em homenagem a deuses hindus – adorados por 90% da população. Já as estupas, templos budistas que abrigam as cinzas de Siddhartha Gautama, guardam relíquias que pertenceram às sucessivas reencarnações de Buda.

O mais incrível é que a arquitetura desses templos sugere a posição do próprio Buda em meditação e faz analogia com seus ensinamentos: a base representa a terra e a igualdade; a cúpula, a água e a reencarnação; a torre e seus 13 anéis, o fogo e os níveis de iluminação; o toldo sobre a torre, o ar; e o topo, o éter, o céu e a verdade.

A mais famosa das estupas é a Swayambhunath, que fica no alto de um morro na periferia de Katmandu. Já na subida para o templo, a surpresa fica por conta de macacos que passeiam e dormem nas escadarias. No topo, em todas

Swayambhunath

A arquitetura das estupas (abaixo) sugere a posição do Buda em meditação; ao lado, montanhas do Himalaia

as faces, estão pintados os olhos e o nariz do Buda. Visto de longe, parece mesmo um grande Buda, que mantém aceso o misticismo da cidade.

Separada de Katmandu por um rio, Patan, a mais moderna das cidades nepalesas, é famosa por suas lojas de tapetes belos e baratos. Já Bhaktapur, situada a apenas 14 km a leste da capital, é o mais antigo dos lugarejos do vale – data do século 12 – e tem um centro belíssimo, com templos de telhados aparentes em vários níveis. Na praça central, é possível conferir estátuas consideradas tão belas que o escultor teve suas mãos cortadas para que não as reproduzisse em outro lugar. Além disso, é lá que fica a Golden Gate, um dos cartões-postais do Nepal.

MAPA
O Vale
Katmandu fica
no Nepal, no
sudoeste da Ásia.

Sydney

Dica: Quando se fala em praia em Sydney, é fácil definir o roteiro: Bondi e Manly. A primeira, próxima ao centro da cidade, é protegida por um extenso gramado no qual é possível avistar, mesmo no inverno, turistas e moradores lendo, namorando, caminhando ou correndo. Já Manly destaca-se pela longa reta de areia branca cercada por altos pinheiros

Inicialmente uma colônia penal que teve como primeiros habitantes não-nativos um grupo de criminosos exilados, Sydney, a mais cosmopolita cidade da Austrália, cresceu em torno de uma bela e recortada baía formada pelo Oceano Pacífico. Se não bastasse o privilégio geográfico, a cidade oferece tudo o que o turista gosta: praias de areia branca, cultura, boa e variada gastronomia, bares animados, natureza, belos cenários, teatros, shoppings, feiras de bugigangas e dezenas de áreas verdes formadas por parques públicos.

Uma visita a Sydney Tower é o começo ideal. O ponto mais alto da cidade, com 250 metros de altura, oferece uma vista panorâmica de 360º até onde os olhos podem alcançar. Para chegar até lá, a melhor pedida é caminhar pelo Queen Victoria Building, prédio histórico que abriga o shopping mais chique da região e fica ao lado da estação de trem Town Hall.

De lá, o trajeto deve seguir pelo Hyde Park em direção ao Royal Botanic Gardens, com 30 hectares de um gramado verde repleto de árvores e jardins temáticos cuidadosamente preservados. O roteiro obrigatório termina nos portões que dão acesso à Opera House, uma das edificações modernas mais famosas do mundo. Apesar de símbolo de modernidade, o prédio com seus recortes irregulares inspirados nas velas de um barco começou a ser concebido nos anos 1950 pelo arquiteto dinamarquês Jorn Utzon. Feito numa ponta de terra entre duas baías, foi inaugurado em 1973 pela Rainha Elizabeth II. O espaço, que recebe três mil eventos todos os anos, entre balés, concertos e peças de teatro, tem restaurantes e galerias.

A Opera House fica instalada na região de Circular Quay, ponto de chegada e saída dos *ferries* (balsas) que dão acesso às praias do norte de Sydney e aos bairros ao longo da extensa baía. É nessa região que fica outro cartão-postal da Austrália: a Harbour Bridge, ponte que liga os litorais norte e sul e que propicia aos visitantes uma visão quase aérea da cidade. A gigante de ferro levou oito anos para ser construída e consumiu 53 mil toneladas de aço.

Se por um lado o visitante se impressiona com as modernas construções que fazem a fama da cidade, por outro também se encanta com a elegância das construções históricas do bairro mais antigo da Austrália, o The Rocks, localizado a cerca de dez minutos a pé da Opera House. Espécie de museu a céu aberto,

Baía de Sydney

MAPA
Sydney é a
capital da
Austrália,
na Oceania.

A Harbour Bridge (abaixo) é um dos símbolos da cidade, assim como a famosa Opera House (ao lado)

o bairro (antiga região de bordéis freqüentada por gangues locais) reúne cafés, galerias de arte, lojas em estilo colonial e feirinhas.

Para se conhecer um pouco mais da paisagem histórica de Sydney e sentir o charme da cidade, é indispensável dar um pulo nos bairros Paddington e Woollahra que, assim como o The Rocks, unem arquitetura secular e sofisticação. Nessas regiões, as construções de pedra dão lugar a casinhas em estilo inglês do século 19, numa charmosa seqüência de sacadas com parapeito de ferro trabalhado minuciosamente. Muitas delas abrigam galerias de arte e butiques exclusivas, entre elas as dos famosos estilistas australianos Akira Isagawa e Lisa Ho.

Créditos

Tales Azzi
Páginas 10, 38, 39, 153, 156, 157, 159, 160, 161, 167, 168, 169, 171, 172, 173, 185, 186 e 187.

Érico Elias
Páginas 17, 18, 19, 133, 196 e 197.

Roberto Araújo
Páginas 101, 102 e 103.

Mário Fittipaldi
Páginas 51, 54 e 58.

Karen Abreu
Páginas 31 e 192.

Paulo Basso Jr.
Página 91.

Switzerland Tourism
Páginas 6, 93, 94, 95, 97, 98 e 99.

Centro Oficial de Turismo Espanhol
Páginas 37, 41, 42, 43, 45 e 47.

Visit Britain
Páginas 65, 66, 67 e 73.

CzechTourism
Páginas 113 e 115.

MDLF/Franck Charel
Página 15.

MDLF/Benoît Roland
Página 14.

Österreich Werbung/Mayer
Página 86.

Las Vegas News Bureau
Página 136.

Divulgação
Páginas 12, 79, 81, 82, 83, 85, 87, 89, 90, 147, 148, 149 e 191.

Stockxpert
Páginas 8, 13, 21, 22, 23, 25, 27, 29, 30, 33, 34, 35, 46, 49, 50, 54, 57, 59, 61, 62, 63, 69, 70, 71, 74, 75, 77, 78, 105, 106, 107, 109, 110, 111, 114, 117, 118, 119, 121, 122, 123, 124, 127, 128, 129, 131, 132, 135, 137, 139, 140, 141, 143, 144, 145, 151, 152, 155, 163, 164, 165, 174, 177, 178, 179, 181, 182, 183, 188, 193, 195, 199, 200, 201, 203, 204, 205, 207, 208, 209, 211, 212, 213, 215, 216 e 217.

Sxc.hu
Páginas 26 e 53.

Getty Images
Capa